# 마케팅 불변의 법칙

Influence Special Edition

# 마케팅 불변의 법칙

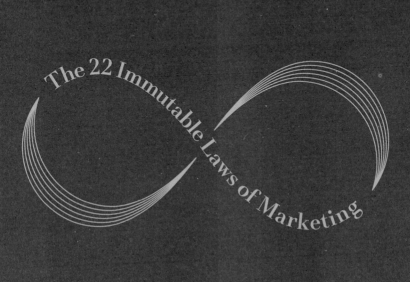

The 22 Immutable Laws of Marketing

알 리스 · 잭 트라우트 지음 | 이수정 옮김 | 정지혜 감수

비즈니스맵

**일러두기**

- 이 책의 원서는 1993년에 출간되어 본문의 일부 내용이 현재와는 다를 수 있습니다.
- *표시는 독자의 이해를 돕기 위해 감수자와 편집자가 추가한 내용입니다.
- 단행본은 『 』, 잡지와 TV 프로그램명은 〈 〉로 표기하였습니다.

마케팅 과정에서의
잘못된 통념과 오해를
걷어내기 위하여

# 차례

## Chapter 1  리더십의 법칙 The Law of Leadership

더 좋기보다는 최초가 되는 편이 낫다 · 019

## Chapter 2  영역의 법칙 The Law of the Category

최초가 될 수 없다면, 최초가 될 수 있는 새로운 영역을 개척하라 · 031

## Chapter 3  기억의 법칙 The Law of the Mind

시장에서 최초가 되기보다는 기억 속에서 최초가 되는 편이 낫다 · 039

## Chapter 4  인식의 법칙 The Law of Perception

마케팅은 제품의 싸움이 아니라 인식의 싸움이다 · 045

# 한국어판 서문

『마케팅 불변의 법칙』이 처음 출판된 것은 1993년으로, 지금으로부터 수십 년 전입니다. 초판 발행 이후, 마케팅 환경은 상당한 변화를 겪었습니다. 인터넷의 도래는 브랜드 구축에 새로운 기회를 제공했고, 기존 매체를 뒤흔들었습니다. 기업들은 지역적, 국가적 브랜드에서 글로벌 브랜드로 전략을 전환했고, 시장은 다양한 세분화 과정을 거쳤습니다.

마케팅 부서가 컴퓨터의 도움을 받게 되면서, 기업들은 상상할 수 없을 정도로 세밀한 부분까지 개별 고객의 니즈와 선호를 지속적으로 관리할 수 있게 되었습니다.

**그런데도 왜 이렇게 오래되고 진부해 보이는 책을 읽어야 할까요?**

이유는 단 한 가지입니다. 이 책은 마케팅 전략의 중요성을 일깨워 줄 것이기 때문입니다. 마케팅 전술은 계속 변하지만, 훌륭한 전략은 변하지 않습니다. 1970년대에 유효했던 전략은 1980년대, 1990년대, 그리고 21세기인 오늘날까지도 유효합니다.

마케팅은 전쟁과도 같습니다. 전쟁에서 무기는 계속 변하지만, 전략은 변하지 않습니다. 과거에는 보병이 전투를 이끌었고, 제2차 세계대전 동안에는 기갑부대가 중요해졌으며, 오늘날은 공군력이 지배적인 위치를 차지하고 있습니다.

마케팅도 마찬가지입니다. 인쇄물에서 라디오로, 텔레비전으로, 그리고 인터넷으로, 마케팅의 무기는 변했지만, 전략은 그대로입니다.

마케팅 전략은 단순히 몇 년이 아니라 수십 년에 걸쳐 전개됩니다. 여러분은 기업이 오랫동안 비슷한 문제에 직면한다는 사실을 알게 될 것입니다. 만일 이 기업들이 자신들의 문제에 대한 전략적 해법을 찾아내지 못한다면, 앞으로도 수년간 시장점유율을 잃게 될 것입니다.

이 책에 소개된 사례들을 살펴보십시오. 수십 년이 지났지만, 1990년대 초반에 좋은 전략을 가진 기업들은 여전히 발전하고 있지만, 나쁜 전략을 가진 기업들은 계속 뒤처지고 있습니다.

이 책을 읽어야 하는 이유는 사례 연구 때문이 아닙니다. 진짜 이유는 마케팅에서의 '불변의 법칙'을 배우기 위함입니다.

여러분들이 이 법칙을 배운다면, 여러분의 마케팅 결정이 실질적인 성과를 낼 수 있을 것입니다.

'불변不變'은 '결코 변하지 않는 것'을 의미합니다. 좋은 마케팅 전략은 바로 그런 것입니다. 원칙은 절대 변하지 않습니다.

친애하는 한국의 독자들에게

**알 리스**

# 감수의 변

10년이면 강산도 변한다는데, 하루가 다르게 변하는 경영 환경에서 수십 년이 지나도 유효한 법칙이 존재할 수 있을까? 특히 너무나 잘 알려져 더 이상 새로울 것이 없다면, 그것이 과연 경쟁우위를 만들 수 있는 조언이 될지 의문이다.

하지만 단연코 이 책은 예외다. 미국 하퍼콜린스 출판사와의 정식계약을 통해 최신 번역판으로 출간된 『마케팅 불변의 법칙』은 마케팅 종사자들에게 여전히 유익한 지침을 제공하며, 말 그대로 '불변不變'의 법칙을 입증하고 있다. 이 법칙들을 모르고 있던 사람은 그 통찰력에 감탄하게 될 것이고, 이미 알고 있던 사람이라도 간과했던 사실을 깨달으며 무릎을 치게 될 것이다.

이 책이 처음 출간된 이후 우리의 삶은 큰 변화를 겪었다. 기술 발전은 기업과 고객의 관계를 바꾸어 놓았다. 고객은 더 이상 기업의 전략에 수동적으로 반응하는 위치가 아니라, 기획, 생산, 마케팅 등 거의 모든 기업 활동에 적극적으로 관여하는 영향력을 행사하고 있다. 이로 인해 이 책에 소개된 성공 사례 중 일부 기업은 역사 속으로 사라졌다.

하지만 그러한 기업의 성쇠는 마케팅 문제라기보다 제품 소비 방식이나 산업의 패러다임 자체가 변한 탓이 크다. 새로운 패러다임이 도래하면, 그 안에서 우위를 점하기 위해 다시 같은 법칙에 따라

고객의 인식을 장악하려는 싸움이 시작된다. '마케팅은 제품이 아니라 인식의 싸움이다. 마케팅은 그 인식을 다루는 과정이다'라는 저자들의 생각은 이 책에 소개한 22가지 법칙에 깔려 있다.

인터넷의 발전과 고객 태도의 변화는 우리가 고객 인식을 다루는 전술에 변화를 가져왔을 것이다. 오늘날 마케터들은 신문 지면이나 TV 광고보다 인터넷이나 프로모션 활동 등 직접적인 소통 방법에 더 많은 시간을 할애하고 있다.

그렇다 해도, 최고의 제품이라는 고객 인식 영역을 확보하려는 노력의 목적은 다르지 않다. 펜으로 편지를 쓰는 대신 이메일을 쓰지만, 마음을 얻기 위한 설득의 기술은 크게 달라지지 않는 것처럼, 우리가 새로운 마케팅 도구를 얻었다고 해서 목적과 기본 원칙이 바뀌지는 않는다.

이 책에 소개된 많은 기업이 여전히 최고의 자리를 지키고 있다는 사실은 무엇을 의미하는 것일까? 법칙을 이해하고 성공을 경험한 기업들은 환경 변화에 따라 세세한 전술은 바꾸더라도 결국 전략적 목적을 달성할 수 있다는 것이다.

반대로 장래가 위태롭다고 평가받던 기업이 회생한 경우도 있다. 예를 들어, IBM은 경쟁이 치열해져 더 이상 인식의 영역에서 최고를 점하기 힘든 하드웨어 사업에서 솔루션이라는 서비스 사업으로 빠르게 전환하여 인식 선점을 이루었다. 한때 실패 사례로 언급되었지만, 기존 법칙의 새로운 사례로 기록될 만한 변화를 이룬 것이다. 이처럼 사례 기업의 변화를 불변의 법칙이라는 잣대로 평가하며 읽는 것도 재미있을 것이다.

이 책은 최신 유행 전술을 소개하는 책이 아니다. 마케팅의 최신 기법을 알고 싶다면 차라리 시장에 나가는 편이 빠르다. 그러나 유행 속에 깔린 거대한 원칙을 알고 싶다면, 수십 년이 지난 지금도, 그리고 그 이후에도 유효할 '마케팅 불변의 법칙'을 되새기는 것이 가장 빠른 길이다.

**정지혜**

# 들어가는 말

현대 마케팅의 실태를 보면, 아무리 독창적이고 기발하며 많은 예산을 투입한 마케팅 프로그램이라도 실효를 거두지 못하는 경우가 허다하다.

경영자 중에는 마케팅 프로그램이 그저 신경 써서 잘 만들고, 차질 없이 집행하며, 자금을 충분히 쏟아붓기만 하면 성공할 것으로 생각하는 이들이 많다. 그러나 현실은 절대 그렇지 않다. 멀리서 찾을 것 없이 IBM, 제너럴 모터스General Motors, GM, 시어스 로벅Sears, Roebuck and Company, 미국 종합유통업체의 사례만 보더라도 이를 쉽게 알 수 있다.

시어스 로벅의 마케팅 도구와 테크닉은 적절했을 수도 있고, 아주 대단했을 수도 있다. 제너럴 모터스의 마케팅 프로그램을 집행했던 담당자들은 그 누구보다 뛰어난 인재였을지도 모른다. 원래 GM이나 IBM 같은 대기업에는 최고의 인재들이 몰리기 마련이다. 그럼에도 이들 마케팅 프로그램은 잘못된 통념을 기반으로 수립되었을 가능성이 크다.

"미국의 거대기업들에 대해 미국인들은 어떻게 인식하고 있는가?"라는 질문에 캐나다 출신의 저명한 미국 경제학자인 존 케네스 갤브레이스John Kenneth Galbraith는 사람들이 기업의 '힘'을 두려워한다고 답했다. 그러나 오늘날 사람들은 기업의 '무능함'을 두려워하고 있다.

오늘날에는 모든 기업이 어려운 상황에 놓여 있다. 특히 거대 기업들이 그렇다. 제너럴 모터스가 좋은 예다. 이 회사는 지난 10년간 자사 브랜드의 정체성을 파괴한 대가로 시장점유율을 10퍼센트나 잃었고, 이는 연간 매출액 100억 달러 감소를 의미한다.

경쟁 양상이 가열되고 있긴 했지만, 제너럴 모터스의 문제는 경쟁력이나 품질이 아니라, 바로 마케팅에 있었다.

지금은 실수를 저지르면 기회를 놓치고, 경쟁자에게 순식간에 시장을 빼앗긴다. 시장을 되찾기 위해서는 경쟁자가 실수하기를 기다렸다가 그 상황을 역이용할 방안을 강구해야 한다.

그렇다면 실수를 어떻게 방지할 수 있을까? 답은 간단하다. 마케팅 법칙에 회사의 마케팅 프로그램을 맞추는 것이다. 여기서 우리가 제시하는 아이디어와 개념들은 '마케팅'이라는 범주 아래 제한적으로 다루어지지만, 사실은 회사의 성격이나 제공하는 상품 및 서비스 종류에 상관없이 유용하다.

그럼 과연 마케팅 법칙이란 무엇일까? 그리고 이 법칙들을 처음 발견한 이는 누구일까? 이제껏 그토록 많은 사람들이 간과해온 것을 우리는 어떻게 발견할 수 있었을까? 이 세상에 능력 있는 마케팅 실무자와 이론가들이 한둘이 아닌데, 어째서 그들은 우리가 당연하다고 생각하는 것들을 알아보지 못했을까?

이유는 간단하다. 우리가 아는 한도 내에서는 마케팅에 어떤 법칙, 더 나아가 '절대 불변'의 법칙이 있다고 인정하는 사람이 거의 없었기 때문이다.

자신의 능력을 초월하는 무언가가 있다고 인정하지 않으려는 마음은 인간의 본성일지도 모른다. 대부분의 마케터들은 충분히 노력하면, 충분히 의지를 다지면 무엇이든 이룰 수 있다고 믿는다. 여기에 충분한 자금을 투입할 의지까지 더해진다면 그 믿음은 더욱 견고해진다.

하지만 그것만으로는 부족하다. 자연에는 수없이 많은 법칙들이 존재한다. 마케팅에도 법칙이 존재하지 않을 이유는 없다. 당신은 외관이 근사한 비행기를 만들 수는 있지만, 물리학 법칙, 특히 중력의 법칙을 만족시키지 않으면 그 비행기는 날아오를 수 없다. 당신은 모래언덕 위에 그림처럼 멋진 건축물을 지을 수는 있지만, 태풍이 불면 당신의 그 걸작품은 일시에 무너질 수도 있다.

같은 맥락에서, 당신은 기발한 마케팅 프로그램을 세울 수는 있지만, 절대 불변의 법칙들을 모른다면 그중 어떤 법칙 때문에 당신이 실패할지 알 수 없다.

마케팅 법칙들이 존재할 수도 있다는 '가능성'을 인정하면, 그 법칙들을 이해하는 일은 어렵지 않다. 사실 이 법칙들은 자명하다.

우리는 25년이 넘는 세월 동안 마케팅에서 무엇이 유효한지, 또 무엇이 유효하지 않은지를 연구해 왔다. 그 과정에서 유효한 마케팅 프로그램은 거의 예외 없이 시장 상황을 지배하는 근본적인 힘과 조화를 이루고 있다는 사실을 발견했다.

우리는 이 마케팅 원칙들을 꼼꼼히 분석해 여러 저서, 논문, 강연, 비디오 등을 통해 발표해 왔다. 또한 마케팅 과정의 전략적 모델을 다수 개발하기도 했는데, 거기에는 '포지셔닝Positioning'이라는 개념으로 보편화한 인간심리 모델도 포함되어 있다. 또 시장 상황에 대한 군사적 모델을 개발해 회사와 브랜드가 마케팅 전투에서 수비형인지 공격형인지, 측면공격형인지 전면공격형인지 구분하기도 했다.

수십 년 동안 마케팅의 원칙과 제반 문제를 연구하는 과정에서 발견한 내용을 바탕으로, 우리는 시장 상황에서 성공과 실패를 좌우하는 기본적인 법칙들을 가려낼 수 있었다. 이것이 바로 우리가 '마케팅 불변의 법칙'이라 부르는 22가지 법칙이다. 실패를 자초할 생각이라면 당신은 이 법칙들을 어겨도 좋다.

**알 리스 · 잭 트라우트**

# 리더십의 법칙

더 좋기보다는 최초가 되는 편이 낫다

많은 사람들은 자신의 회사가 더 좋은 제품이나 서비스를 갖고 있다는 사실을 소비자에게 확신시키는 것이 마케팅의 기본이라고 믿고 있다.

그러나 이는 사실이 아니다. 만약 당신의 회사가 시장점유율이 낮은 입장에서 상대적으로 규모가 더 크고 자금 사정이 더 좋은 경쟁자와 맞서고 있다면, 당신의 마케팅 전략은 처음부터 잘못되었을 가능성이 크다. 첫 번째 마케팅 법칙을 어겼기 때문이다.

마케팅의 기본은 당신이 최초가 될 수 있는 영역을 만드는 것이다. 이것이 바로 '리더십의 법칙'이다. 더 좋기보다는 최초가 되는 것이 낫다. 이미 시장에서 최초가 되어 있는 어떤 회사보다 당신의 회사가 더 좋은 제품을 갖고 있다고 소비자를 설득하기보다는, 소비자의 마음속에 최초로 들어가는 편이 훨씬 쉽다.

다음의 두 가지 질문을 스스로에게 던져본다면, 리더십의 법칙을 명확하게 이해할 수 있을 것이다.

- **최초로 대서양을 단독 횡단한 비행사의 이름은?**
  답은 찰스 린드버그Charles Lindbergh다. 다들 알고 있으리라.
- **두 번째로 대서양을 단독 횡단한 비행사의 이름은?**
  대답하기가 쉽지 않을 것이다. 그렇지 않은가?

대서양을 두 번째로 단독 횡단한 비행사는 버트 힝클러Bert Hinkler다. 그는 찰스 린드버그보다 더 뛰어난 비행기 조종사였다. 비행 속도도 더 빨랐고, 소비한 연료량도 더 적었다. 그러나 당신은 버트 힝클러라는 이름을 들어본 적이 있는가?(버트 힝클러가 집을 떠난 이후로 그의 아내조차 남편의 소식을 듣지 못했다는 이야기도 있다.)

린드버그식 접근 방식이 더 낫다는 증거가 분명함에도 불구하고, 대부분의 회사는 힝클러의 길을 따르고 있다. 이들은 시장이 성장하기만을 무작정 기다린다. 그런 다음 더 좋은 제품을 들고 시장에 뛰어든다. 하지만 지금 같은 경쟁적 환경에서는 라인 확장line extension, 성공을 거둔 제품이나 브랜드와 같은 속성의 또 다른 제품을 출시하는 것으로 나온 미투me-too 제품이 이윤을 낳는 성공적인 브랜드가 될 가능성은 아주 희박하다.

어떤 영역에서든 시장을 주도하는 리더 브랜드는 거의 예외 없이 소비자의 마음속에 가장 먼저 자리 잡은 브랜드다. 렌터카 시장의 허츠Hertz, 컴퓨터 시장의 IBM, 콜라 시장의 코카콜라가 바로 그예다.

제2차 세계대전 이후, 하이네켄Heineken은 미국 최고의 수입 맥주로 유명세를 떨쳤다. 그런데 40년이 지난 지금, 수입 맥주 시장의 1위 브랜드는 무엇일까? 가장 맛있는 맥주일까 아니면 여전히 하이네켄일까? 오늘날 미국에서는 425종의 수입 맥주가 판매되고 있다. 그 중에는 하이네켄보다 훨씬 맛있는 맥주도 분명 있을 것이다. 하지만 그 사실이 중요한가? 지금도 하이네켄은 동종업계 시장점유율 30퍼센트의 1위 수입 맥주다*.

'최초'라고 해서 무조건 성공한다는 이야기는 아니다. 미국 최초의 국산 라이트 맥주는 밀러라이트Miller Lite였다. 그렇다면 오늘날 미국에서 가장 많이 팔리는 라이트 맥주는 무엇일까? 가장 맛 좋은 브랜드일까, 아니면 소비자의 마음속에 최초로 입성한 브랜드일까?

'시기timing' 역시 중요하다. 최초가 되긴 했지만 시기가 너무 늦었을 수도 있다. 일례로 〈USA투데이USA Today〉는 최초의 전국지이긴 하나, 성공을 거두고 있다고 말할 수 없는 처지에 있다. 이미 8억 달러의 적자를 보고 있으며, 이제껏 한 번도 흑자로 마감한 회계연도가 없었다. 텔레비전 시대에 전국지로 성공하기에는 시기가 한발 늦었

---

* 2023년 이후 미국에서 가장 많이 팔리는 수입 맥주는 멕시코 맥주인 모델로 에스페시알Modelo Especial과 코로나 엑스트라Corona Extra이며, 그 뒤를 여전히 중요한 시장점유율을 유지하며 하이네켄이 차지하고 있다.

는지도 모른다.**

또한 최초이긴 하지만 아무 쓸모없는 조악한 아이디어에 불과한 경우도 있다. 최초의 반려견용 아이스크림인 프로스티포스Frosty Paws는 성공을 거둘 가능성이 희박하다. 개들은 좋아하겠지만, 아이스크림을 구매하는 주체는 개가 아니라 견주들이다. 대부분의 주인들은 자신의 반려견이 굳이 아이스크림을 필요로 한다고 여기지 않는다. 개들이란 접시를 핥는 것만으로도 충분히 행복할 수 있다고 여긴다.

리더십의 법칙은 종류를 불문하고 모든 제품, 브랜드, 영역에 고루 적용된다. 미국에서 최초로 설립된 대학교가 어딘지 모른다고 가정해 보자. '최초'라는 말을 '리더'라는 단어로 대체하면 정확하게 유추해 낼 수 있을 것이다. 과연 미국의 리더 대학은 어디인가? 대부분의 사람들이 하버드대학이라고 대답할 것이다. 그렇다. 그 하버드대학이 미국 최초의 대학이다.(미국에서 두 번째로 설립된 대학은 윌리엄 앤드 메리William and Mary대학이지만, 그 이름은 버트 힝클러보다 약간 더 유명한 정도에 불과하다.)

인간에게는 먼저 가진 것을 고수하고자 하는 경향이 있다. 지금의 아내나 남편보다 조금 더 나은 누군가를 만났다고 해서 변호사 비용을 감수해 가며, 또 집과 아이들을 놓고 분쟁을 벌여가며 배우

***

** USA투데이는 오늘날 미국의 주요 뉴스 플랫폼 중 하나로, 디지털 뉴스 시장에서 강력한 입지를 굳히고 있다.

자를 바꿔야겠다는 생각을 하지는 않는다.

리더십의 법칙은 잡지에도 예외 없이 적용된다. 〈타임Time〉이 〈뉴스위크Newsweek〉를, 〈피플People〉이 〈유에스US〉를, 〈플레이보이 Playboy〉가 〈펜트하우스Penthouse〉를 앞지르고 있는 것도 그 때문이다. 〈TV가이드〉를 예로 들어보자. 1950년대 초반, 당시 굴지의 출판사인 커티스퍼블리싱컴퍼니Curtis Publishing Company가 이제 막 걸음마를 뗀 〈TV가이드〉와 경쟁할 만한 텔레비전 프로그램 안내지를 발간하고자 했다. 〈TV가이드〉는 간발의 차이로 먼저 출발했을 뿐이었지만 커티스퍼블리싱컴퍼니는 여러 면에서 막강한 힘을 가지고 있었음에도 불구하고 싸움을 제대로 시작조차 해보지 못했다. 〈TV가이드〉가 싸움터를 선점하고 있다는 이유 때문이었다.

리더십의 법칙은 대학교와 맥주 같은 '소프트웨어'뿐 아니라 자동차와 컴퓨터 같은 '하드웨어' 시장에도 적용된다. 지프는 일반도로 외의 지형에서도 운전 가능한 최초의 4륜구동 자동차였다. 아큐라Acura는 최초의 고급 일본산 자동차였다. IBM은 메인프레임 컴퓨터 시장에서 최초였다. 썬 마이크로시스템즈Sun Microsystems는 워크스테이션 시장에서 최초였다. 지프, 아큐라, IBM, 썬Sun은 지금도 리더 브랜드의 자리를 지키고 있다.

최초의 미니밴은 크라이슬러Chrysler가 첫선을 보였다. 오늘날 크라이슬러는 전체 자동차 시장에서는 비록 10퍼센트지만, 미니밴 시장에서는 50퍼센트의 점유율을 갖고 있다.***

자, 그렇다면 자동차 마케팅의 핵심은 더 좋은 차를 만드는 것일까, 아니면 시장에 최초로 입성하는 것일까?

데스크탑 레이저프린터는 휴렛팩커드Hewlett-Packard라는 컴퓨터 회사가 처음으로 시장에 내놓았다. 오늘날 휴렛팩커드는 퍼스널컴퓨터 시장에서는 5퍼센트에 불과하나 레이저프린터 시장에서는 45퍼센트의 점유율을 갖고 있다.****

질레트Gilette는 최초의 안전 면도기다. 타이드Tide는 최초의 세탁용 세제다. 헤이스Hayes는 최초의 컴퓨터 모뎀이다. 현재 이들은 모두 동종업계의 리더 브랜드들이다.*****

최초의 브랜드가 리더의 위상, 즉 리더십leadership을 유지해갈 수 있는 이유 중의 하나는 그 이름이 해당 제품 모두를 대변하는 보통명사로 자리 잡기 때문이다. 최초의 일반용지 복사기인 제록스Xerox는 모든 일반용지 복사기를 대변하는 보통명사가 되었다. 사람들은 리코Ricoh, 샤프Sharp, 코닥Kodak 복사기 앞에 서서 "이 제록스로 어떻게 복사를 하는 겁니까?" 하고 묻는다. 그리고 제품 상자에 스코트Scott라고 분명히 박혀 있는데도 불구하고 크리넥스Kleenex를 달라고 한다. 펩시콜라Pepsi-Cola밖에 없으면서도, 코카콜라Coke를 마시

---

\*\*\* 크라이슬러의 시장점유율은 수치보다 많이 하락했지만, 미니밴 시장에서는 여전히 일정한 입지를 유지하고 있다. 크라이슬러 미니밴의 인기 모델은 퍼시피카Pacifica다.

\*\*\*\* 휴렛팩커드는 현재 퍼스널컴퓨터 시장에서 20퍼센트 가까운 점유율을 점하고 있다.

\*\*\*\*\* 헤이스는 모뎀산업의 쇠퇴와 함께 1990년대 후반 결국 파산 신청을 한다.

겠냐고 물어온다.

스카치테이프Scotch Tape 대신 셀로판테이프를 달라고 하는 사람들이 몇이나 될 것 같은가? 결코 많지 않다. 대부분의 사람들이 보통명사화된 브랜드명을 그대로 사용한다. 밴드에이드Band-Aid, 파이버글라스Fiberglas, 포미카Fomica, 고어텍스Goretex, 젤로Jello, 크레이지글루Krazy Glue, 큐팁스Q-tips, 사란랩Saran Wrap, 벨크로Velcro 등은 극소수의 예에 불과하다. 개중에는 브랜드명의 보통명사화에 남다르게 적극적인 태도를 보이는 사람들도 있다.

"이 물건을 서부 해안으로 페덱스FedEx, 여기서는 '급송하다'는 동사로 쓰였음해주십시오."

고로, 새로운 영역에 자사 브랜드를 최초로 소개할 생각이라면 보통명사처럼 사용되기에 적합한 브랜드명을 채택하는 데 각별히 신경 쓸 필요가 있다.(변호사들은 그 반대로 하라고 조언한다. 하지만 변호사들이 마케팅 법칙에 대해 뭘 얼마나 알겠는가?)

대부분의 경우 최초의 브랜드는 그 영역의 리더가 된다. 그리고 그 뒤를 따라 시장에 들어온 브랜드들의 판매율 순위는 흔히 발을 들여놓은 순서와 일치한다. 가장 좋은 예가 소염진통제 시장이다. 애드빌Advil이 가장 먼저, 뉴프린Nuprin이 두 번째, 메디프렌Medipren이 세 번째 주자였다. 이 순서는 각각의 브랜드가 구가하고 있는 판매율 순위이기도 하다. 소염진통제 시장에서는 애드빌이 51퍼센트, 뉴프린이 10퍼센트, 메디프렌이 1퍼센트를 차지하고 있다.

소염진통제 시장에 네 번째로 뛰어든 브랜드는 모트린아이비

Motrin IB였다. 모트린아이비는 강력한 처방진통제제의 이름을 그대로 가져와 브랜드명으로 사용했지만, 시장점유율에서는 애드빌에 한참 못 미치는 15퍼센트에 그쳤다.(애드빌은 처음 출시할 때 '처방제제인 모트린과 같은 효능'이라는 문구를 사용했다.)

보통명사화된 브랜드명이 갖는 힘도 작용한다. 소비자들은 '애드빌'을 고유명사가 아니라 보통명사로 쓰고 있다. 소염진통제라는 단어를 사용하는 사람은 별로 없다. 하다못해 의사도 환자에게 이같이 말한다.

"애드빌 두 알을 복용한 후 아침에 다시 전화 주십시오."

해열진통제 시장의 최초 브랜드인 타이레놀Tylenol의 경우도 마찬가지다. 타이레놀과 2위 브랜드의 격차는 너무나도 커서, 2위 브랜드가 무언지 감을 잡기도 힘들다.

성공 비결은 소비자의 마음속에 제일 먼저 들어가는 것이다. 그런데 대부분의 회사들이 집중하고 있는 전략은 바로 '더 좋은 제품' 전략이다. 기업 경영 분야에서 궁극적인 경쟁 전략으로 불리는 '벤치마킹Benchmarking'은 자사 제품 및 서비스를 동종업계의 최고와 비교·평가하는 노력을 말한다. 그 과정의 핵심은 소위 '총체적 품질관리'라는 것이다.

닐 암스트롱Neil Armstrong은 달 표면을 최초로 걸었던 사람이다. 두 번째는 누구인가?

로저 베니스터Roger Bannister는 육상에서 1마일을 최초로 4분 안에 주파한 사람이다. 두 번째는 누구인가?

조지 워싱턴George Washington은 미국의 첫 번째 대통령이다. 두 번째는 누구인가?

토마스Thomas는 잉글리쉬머핀 시장의 최초 브랜드다. 두 번째는 무엇인가?

게토레이Gatorade는 스포츠 음료 시장의 최초 브랜드다. 두 번째는 무엇인가?

그렇다면 소비자의 마음속에 두 번째로 들어가 앉은 당신은 버즈 앨드린Buzz Aldrin, 존 랜디John Landy, 존 애덤스John Adams, 잘 알려지지 않은 잉글리쉬머핀, 역시 잘 알려지지 않은 어떤 스포츠음료처럼 영원히 서글픈 신세를 면할 수 없다는 말일까? 꼭 그렇지는 않다. 다행히 다른 법칙들도 있다.

# 영역의 법칙

최초가 될 수 없다면,
최초가 될 수 있는 새로운 영역을 개척하라

대서양을 두 번째로 단독 횡단한 사람이 버트 힝클러라는 사실을 모른다면, 세 번째 비행사가 누구인지 알 가능성은 희박하다. 그런데 많은 사람들이 그 사람을 알고 있다. 바로, 아멜리아 에어하트 Amelia Earheart다.

그녀가 유명한 이유는 대서양을 세 번째로 단독 횡단한 사람인 동시에, 대서양을 단독 횡단한 최초의 여성이기 때문이다.

하이네켄이 대대적인 성공을 거둔 뒤, 앤호이저부시 Anheuser-Busch는 "우리도 수입 맥주를 들여와야겠어." 하고 마음먹었을 수 있다. 하지만 앤호이저부시는 그렇게 하지 않았다.

대신 그들의 생각은 이랬다.

"고가高價의 수입 맥주 시장이 있다면 고가의 국산 맥주 시장도 있을 것이다."

그래서 앤호이저부시는 최초의 고가 국산 맥주인 미켈롭<sup>Michelob</sup>을 출시했고, 오늘날 미켈롭은 2대 1의 비율로 판매율에서 하이네켄을 앞서고 있다.(사실 앤호이저부시도 유럽에서 좋은 평판을 얻고 있던 수입 맥주인 칼스버그<sup>Carlsberg</sup>를 들여온 바 있다. 그러나 미국에서는 미투제품인 칼스버그가 신통한 반응을 얻지 못했다.)

밀러라이트는 최초의 국산 라이트 맥주였다. 밀러라이트가 나오고 나서 한 수입업체가 국산 라이트 맥주 시장이 있다면 수입 라이트 맥주 시장도 있을 거라는 생각을 하기까지 5년이라는 시간이 걸렸다. 그 결과 오늘날 가장 많이 팔리는 수입 라이트 맥주인 암스텔라이트<sup>Amstel Light</sup>가 첫선을 보이게 되었다.

소비자의 기억 속에 '최초'로 인식되지 못했다 하더라도 희망을 버릴 필요는 없다. 자신이 최초가 될 수 있는 새로운 영역을 찾아보라. 생각처럼 어려운 일만은 아니다.

IBM이 컴퓨터 시장에서 대대적인 성공을 거두자 버로즈<sup>Burroughs</sup>, 컨트롤데이터<sup>Control Data</sup>, 제너럴일렉트릭<sup>General Electric</sup>, 허니웰<sup>Honeywell</sup>, NCR, RCA, 스페리<sup>Sperry</sup>가 줄줄이 컴퓨터 시장에 뛰어들었다. 업계에서는 이들을 "백설공주와 일곱 난쟁이"라고 불렀다.

그런데 과연 어떤 난쟁이가 종업원 수 12만 6천 명, 연간 매출액 140억 달러를 달성해 '세계에서 두 번째로 큰 컴퓨터 회사'가 되는 영예를 안았을까? 일곱 난쟁이 중에는 없다. 1970년대와 1980년대에 IBM 다음으로 가장 큰 성공을 거둔 회사는 DEC<sup>Digital Equipment</sup>

Corperation였다.* IBM은 컴퓨터 시장에서 최초였고 DEC는 미니컴퓨터 시장에서 최초였다. 그 밖에 또 부와 명성을 얻은 다른 컴퓨터 회사들과 그 경영자들은 다음의 간단한 원칙을 따랐다.

"어떤 영역에서 최초가 될 수 없다면, 최초가 될 수 있는 새로운 영역을 개척하라."

탠덤Tandem은 무정지형無停止型 컴퓨터시스템 구성요소에 고장이 발생해도 시스템은 계속 그 기능을 실행하는 내耐고장성을 갖춘 컴퓨터 시장의 최초가 되어 연 19억 달러의 매출을 올리고 있다. 이에 스트라터스Stratus는 무정지형 미니컴퓨터를 최초로 내놓았다. 오늘날 스트라터스는 연간 매출액 5억 달러의 기업으로 성장했다.

마케팅 법칙들이 어려운가? 그렇지 않다. 오히려 대단히 단순하다. 그러나 시장에서 실제적으로 효과를 내게 만드는 일은 또 다른 문제다.

크레이리서치Cray Research는 최초의 슈퍼컴퓨터를 개발, 오늘날 연간 매출액 8억 달러의 기업이 되었다.** 이에 콘벡스Convex는 시장 상황을 주도면밀하게 분석, 최초의 미니슈퍼컴퓨터를 출시했다. 오늘날 콘벡스는 2억 달러의 연간 매출액을 올리고 있다.

---

* DEC는 1998년 컴팩에 인수되었고, 이후 컴팩이 휴렛팩커드와 합병하면서, DEC의 기술과 유산은 휴렛팩커드의 제품 라인에 흡수되었다.

** 크레이리서치는 마이크로프로세서 기술의 진보로 슈퍼컴퓨터에 대한 필요성이 줄어들고 소형컴퓨터의 성능이 향상되면서 1995년 파산했다. 이후 SGI에 매각되었고, 2000년 테라컴퓨터Tera Computer에 재매각되면서 Cray Inc.로 회사명을 변경했다. 2019년 Cray Inc.는 휴렛팩커드엔터프라이즈에 인수되었다.

새로운 영역을 개발하면 등외로 떨어진 말을 우승마로 바꾸어 놓을 수도 있다. 코모도어Commodore는 가정용 퍼스널컴퓨터를 만드는 그저 그런 회사에 불과했으나, 아미가Amiga를 최초의 멀티미디어 컴퓨터로 내놓으면서 대대적인 변신을 이루었다. 오늘날 코모도어의 아미가는 대단한 성공작으로 꼽히며 연간 5억 달러라는 매출액을 자랑하고 있다.***

최초가 되는 방법은 여러 가지가 있다. 델Dell은 경쟁이 치열한 퍼스널컴퓨터 시장에 전화로 컴퓨터를 판매하는 방법을 최초로 도입, 연간 9억 달러의 매출액을 올리고 있다.

새로운 제품을 출시할 때 가장 먼저 자문해 보아야 할 질문은 "이 신제품은 경쟁사의 제품보다 어떤 점이 더 좋은가?"가 아니라 "어떤 점에서 최초인가?"가 되어야 한다. 이는 다시 "이 신제품이 최초가 될 수 있는 영역은 무엇인가?"로 바꿔 말할 수 있다.

찰스 슈왑Charles Schwab은 '더 좋은 중개회사'를 시장에 내놓지 않았다. 그가 문을 연 회사는 '최초의 할인중개회사'였다. 〈리어즈 Lear's〉는 '최초의 여성잡지'가 아니었다. 그것은 '성숙한 여성을 위한 최초의 잡지'였다.

이는 "어떻게 하면 사람들이 우리 브랜드를 더 좋아하게 만들 것인가" 하는 브랜드 지향의 전통적 마케팅 기준에 위배된다. 브랜

---

\*\*\* 코모도어는 1994년 파산한 이후 1997년 생산을 중단했다. 아미가 브랜드는 Amiga Inc. 라는 이름으로 남아 있다가, 2000년대 초반 법적 분쟁과 재정 문제를 겪으며 다른 곳으로 이전되었다.

드는 잊어라. 대신 영역을 생각하라.

소비자들은 브랜드라면 무조건 방어적인 태도를 취한다. 회사마다 앞다투어 자기 브랜드가 더 좋다고 떠들어대기 때문이다. 반면 영역에 관한 한 소비자들은 마음의 문을 연다. 사람들은 '무엇이 새로운가?'에 관심을 갖는다. 그러나 '무엇이 더 좋은가?'에는 별 관심을 보이지 않는다.

어떤 새로운 영역에서 최초가 되었다면 이제는 그 영역을 성장시킬 차례다. 근본적으로 최초가 된 당신에게 경쟁자는 없다. DEC는 소비자들에게 DEC 미니컴퓨터를 사야 하는 이유를 늘어놓지 않았다. 대신 어째서 미니컴퓨터를 사야 하는지 설명했다.

지난날 허츠는 렌터카 서비스를 팔았고, 코카콜라는 청량음료를 팔았다. 이 두 회사의 미케팅 프로그램은 그 당시가 더 효과적이었다.

# 기억의 법칙

시장에서 최초가 되기보다는
기억 속에서 최초가 되는 편이 낫다

세계 최초의 퍼스널컴퓨터는 MITS 알테어Altair 8800이다. 리더십의 법칙에 따르면 MITS 알테어 8800잘못된 이름 선택으로 불운을 자초했던은 1위 퍼스널컴퓨터 브랜드가 되어 있어야 한다. 그러나 불행히도, 이 제품은 더 이상 우리 곁에 없다.

뒤몽Du Mont은 최초의 상업 텔레비전 수상기를 개발했다. 듀리에Duryea는 최초의 자동차를 소개했다. 헐리Hurley는 최초로 세탁기를 선보였다. 그러나 이들 역시 지금은 사라지고 없다.

혹시 앞서 이야기한 리더십의 법칙에 무슨 문제라도 있는 것일까? 그렇지 않다. 다만 '기억의 법칙'이 관여했을 뿐이다. 시장에서 최초가 되기보다는 사람들의 기억 속에서 최초가 되는 편이 낫다. 아니, 이 정도 말로는 기억 속에서 최초가 된다는 것의 중요성을 제대로 전하지 못한다.

기억 속에서 최초가 되는 것, 이는 마케팅의 '전부'라고 해도 과언이 아니다. 시장에서 최초가 되는 것의 중요성은 기억 속에서도 최초가 된다는 전제하에 그 진가를 발휘한다.

예를 들어보자. 사실 IBM은 메인프레임 컴퓨터 시장에서 최초가 아니다. 유니백UNIVAC을 먼저 선보인 레밍턴랜드Remington Rand가 최초다. 그러나 적극적인 마케팅 노력 덕분에 IBM은 소비자의 기억 속에 최초로 들어가는 데 성공해, 컴퓨터 전쟁에서 일찌감치 승기를 잡을 수 있었다.

기억의 법칙은 뒤에서 다룰 '인식의 법칙'과 그 맥을 같이한다. 마케팅이 제품의 전쟁이 아니라 인식의 전쟁이라면 소비자의 기억은 당연히 시장에 우선한다.

수없이 많은 미래의 기업가들이 매년 이 법칙을 어겨 좌절을 맛본다. 누군가가 어떤 산업에 일대 변혁을 가져오리라 믿어 의심치 않는 아이디어나 구상을 갖고 있다 해도, 문제는 그 아이디어와 구상을 소비자의 기억 속에 들여놓는 일이다.

이 문제에 대한 전통적인 해결 방법은 '돈'이다. 여기서 돈이란 제품이나 서비스를 기획하고 입안할 자금, 그리고 기자회견을 열고, 박람회에 출품하고, 광고를 집행하고, 다이렉트메일direct mail 프로그램을 실행할 재원을 말한다.

불행히도 이 때문에 마케팅 과정에서 빚어지는 모든 문제의 답이 '돈'이라는 인식이 조장되고 있다. 돈은 해답이 아니다. 그럼에도 다른 어떤 인간활동보다 마케팅에 많은 돈이 낭비되고 있다.(물론 정치활동은 제외하고 하는 말이지만.)

왕<sup>Wang</sup>은 워드프로세서 시장의 최초였다. 그러나 세상은 워드프로세서를 거들떠보지 않고 계속해서 컴퓨터만 찾아댔다. 왕은 이미지 변신을 도모할 수 없었다. 퍼스널컴퓨터와 미니컴퓨터 판촉에 엄청난 돈을 쏟아부었지만, 여전히 워드프로세서 회사로만 인식되고 있다.

제록스는 복사기 시장에서 최초가 된 이후, 컴퓨터 비즈니스에 뛰어들고자 시도했다. 그로부터 25년이라는 세월과 20억 달러를 날린 지금도, 제록스는 컴퓨터 시장에서 이룬 게 없다.

컴퓨터에 입력된 무언가를 바꾸고 싶은가? 그렇다면 기존의 자료를 고치거나 삭제하면 된다. 사람들의 기억 속에 들어 있는 무언가를 바꾸고 싶은가? 포기하는 게 좋다. 일단 기억이 만들어지면 바뀌는 일은 거의 없다. 마케팅 노력 중에서 가장 무모한 것이 소비자의 기억을 바꾸려는 시도다.

이는 우리 인간의 마음속에서는 단호한 의견도 눈 깜짝할 사이에 성립될 수 있다는 미스터리 때문이다. 이제껏 한 번도 그 이름을 들어보지 못했던 사람이 다음 날 유명해져 있기도 한다. 이런 '하룻밤 사이의 기적'은 주변에서 결코 보기 드문 현상이 아니다.

다른 사람에게 깊은 인상을 주고 싶다면, 오랜 시간을 두고 그 사람의 마음속에 조금씩 다가가 호감을 쌓으려 해서는 안 된다. 사람의 마음은 그런 식으로 기능하지 않는다. 당신은 상대방의 마음속에 돌풍처럼 파고들어야 한다.

서서히 다가가는 게 아니라 돌풍처럼 파고들어야 하는 이유는 사람들이 마음을 바꾸고 싶어 하지 않기 때문이다. 어떤 식으로든 일단 당신을 인식했다면 그걸로 끝이다. 상대방은 당신을 일정 부류의 사람으로 분류해 자신의 기억 속에 저장시켜 버린다. 그 사람의 마음속에서 당신은 다른 사람이 될 수 없다.

마케팅 미스터리 중에 '돈의 역할'이라는 게 있다. 어떤 때는 얼마 안 되는 푼돈이 엄청난 기적을 일으킨다. 그런가 하면, 또 어떤 때는 수백만 달러를 쏟아부어도 침몰하는 회사를 구할 수가 없다. 유연한 사고가 가능하다면 적은 돈으로도 큰일을 이루어낼 수 있다. 애플Apple은 마이크 마쿨라Mike Markkula, 스티브 잡스와 함께 애플사의 공동 창립자가 된 백만장자 투자자가 투자한 단돈 9만 1천 달러로 컴퓨터를 출시했다.

애플은 소비자의 기억 속에 들어가야 한다는 문제를 단순하고 기억하기 좋은 이름으로 해결했다. 당시 애플의 경쟁사들은 한결같이 제품에다 기억하기 어려운 복잡한 이름을 갖다 붙였다. 시장형성 초기에 다섯 종류의 퍼스널컴퓨터가 나란히 선을 보였다. 애플 II, 코모도어펫Commodore Pet, IMSAI 8080, MITS 알테어 8800, 라디오쉑Radio Shack TRS-80이 그 이름들이다. 스스로에게 한번 물어보라. 이 중에서 어떤 이름이 제일 단순하고 기억하기 좋은가?

# 인식의 법칙

마케팅은 제품의 싸움이 아니라
인식의 싸움이다

많은 사람들이 마케팅을 제품의 싸움이라 생각한다. 그래서 최고의 제품이 결국에는 승리한다고 믿는다.

마케팅 담당자들은 조사를 실시해 '사실을 캐내는 일'에 집착하고 있다. 자기가 옳다는 것을 확신하기 위해 상황을 분석한다. 그런 다음 자사의 제품이 최고이며, 최고의 제품이 결국은 승리하게 되어 있다는 믿음을 안고 자신 있게 마케팅 전장으로 입성한다.

하지만 이는 환상에 불과하다. 객관적인 현실이란 존재하지 않는다. 사실 따위도 없다. 최고의 제품 역시 없다. 마케팅 세상에는 소비자나 소비자의 기억 속에 자리 잡는 '인식'만이 존재할 뿐이다. 그 외 다른 모든 것은 환상이다.

모든 진실은 상대적이다. 당신의 마음, 그리고 또 다른 사람의 마음에 따라 진실은 각각 다르다. 누군가 "내가 옳고 다른 사람이 틀렸다."라고 말하면, 사실 그 사람은 자신이 다른 사람보다 '더 인식을 잘하고 있다'고 말하는 셈이다.

사람들은 대부분 자기가 다른 사람보다 인식을 더 잘한다고 생각한다. 자신에게는 절대 오류가 없다고 확신하며, 자기가 이웃이나 친구들보다 훨씬 더 정확하게 인식한다고 믿는다. 진실과 인식은 사람의 마음속에서 만나 융합을 이루고, 그 둘 사이에는 차이가 없어진다.

그러나 이를 감지하기란 쉽지 않다. 이 광활한 우주에서 혼자라는 끔찍한 현실을 감당해 내기 위해 사람들이 자기 자신을 바깥세상에 투영시키려 애쓰기 때문이다. 사람들은 책, 영화, 텔레비전, 뉴스, 잡지라는 활동무대에서 '산다'. 클럽, 조직, 기관에 '소속된다'. 이렇게 바깥으로 '묘사된' 세상은 사람들의 마음속 진짜 현실보다 더 진짜 같아 보인다.

사람들은 마음 밖 세상이 진짜고, 각각의 개인은 지구라는 우주선에 올라탄 작은 점 같은 존재라는 생각에 매달려 있다. 그러나 사실은 그 반대다. 당신이 확신할 수 있는 오직 하나의 현실은 당신의 인식, 그 내부에 있다. 우주가 존재하는 곳은 당신의 마음, 그리고 다른 사람들의 마음속이다. 이것이 바로 마케팅 프로그램이 다루어야 할 진짜 현실이다.

바깥세상에는 분명 바다, 강, 도시, 마을, 나무, 집들이 존재한다. 그러나 우리의 인식을 통하지 않는 한, 우리가 이런 것들을 알아볼 방법은 없다. 마케팅은 바로 이런 '인식'을 다루는 기술이다.

마케팅에서 자행되고 있는 실수 중 태반이 바깥세상의 현실을 기반으로 제품 전쟁을 치르고 있다는 가정에서 비롯되고 있다. 이 책에 나오는 모든 법칙들은 그런 가정과 정반대 시각에서 도출되었다.

마케팅 담당자들은 '제품'이 마케팅 프로그램의 열쇠며, 제품의 장점 여부에 따라 성패가 결정된다는 잘못된 전제를 마케팅의 철칙이라 오인하고 있다. 바로 이 때문에 제품을 시장에 내놓는 방법이 자연적으로도 논리적으로도 잘못될 수밖에 없는 것이다.

이렇게 근본적으로 잘못된 마케팅 본능은 사람의 마음속에서 인식이 형성되는 과정을 연구하고, 그 인식에 마케팅 프로그램의 초점을 맞추는 노력으로만 교정될 수 있다.

우리제조업자, 유통업자, 소매업자, 소비자는 각각의 두 눈을 통해 세상을 본다. 그 세상에 객관적인 진실이 있다 해도 우리가 어떻게 그걸 알아볼 것인가? 누가 그 당위성을 가늠할 것인가? 누가 우리에게 진실을 말해줄 것인가? 그 사람은 같은 광경을 다른 눈으로 보고 있는 또 다른 개인에 불과하다.

'진실'이란 어떤 전문가의 인식, 그 이상도 이하도 아니다. 여기서 또 '전문가'는 누구인가? 다른 사람의 마음속에서 전문가로 '인식된' 어떤 사람에 불과하다.

그런데 '진실'이 환상에 불과하다면 마케팅에서는 '사실'에 대해 어째서 이렇게도 많은 논의가 빚어지고 있는 것인가? 수많은 마케팅 결정들이 사실의 비교를 기초로 이루어지고 있는 이유가 무엇인가? 왜 마케팅 담당자들은 하나같이 진실이 자기 편에 있고, 그 진실을 무기로 소비자의 마음속에 존재하는 잘못된 인식을 고치는 게 자신의 의무라 생각하는가?

마케팅 담당자들은 객관적인 현실을 믿기 때문에 사실에 초점을 맞춘다. 또한, 진실이 그들의 편이라고 쉽게 가정하는 경향이 있다. 만약 당신이 마케팅 전쟁에서 승리하기 위해 최고의 제품이 필요하다고 생각한다면, 당신이 이미 최고의 제품을 가지고 있다고 믿는 것은 쉽다. 필요한 것은 자신의 인식을 약간만 수정하면 된다.

그러나 소비자의 마음을 바꾸는 일은 완전히 별개의 문제다. 소비자의 마음을 바꾸는 일은 대단히 어렵다. 어떤 제품 영역이든 약간의 경험만 있어도 소비자는 자신이 옳다고 생각한다. 그들의 마음속에 존재하는 인식은 종종 범우주적인 진실로 해석된다. 사람들은 자기가 한 인식이 절대적으로는 아닐지언정 거의 틀리지 않는다고 생각한다.

제품이 물리적 공간을 두고 분리되어 있는 경우에는 제품에 앞서는 인식의 힘을 보다 쉽게 알아볼 수 있다. 미국 자동차 시장에서 가장 많이 팔리는 일본산 수입자동차는 혼다Honda, 토요타Toyota, 닛산Nissan이다. 대부분의 마케팅 담당자들은 이 세 브랜드 간의 전쟁이 품질, 디자인, 엔진마력, 가격 등을 기준으로 이루어지고 있다고 생각한다. 하지만 사실은 그렇지 않다. 세 브랜드 사이에서 승부를 결정짓는 요인은 혼다, 토요타, 닛산에 대해 소비자들이 갖는 '생각'이다. 마케팅은 결국 인식의 싸움이다.

일본 자동차 제조업자들은 일본에서 파는 차를 미국에서도 똑같이 팔고 있다. 마케팅이 제품 전쟁이라면 두 나라에서는 그 자동차의 판매 순위가 같게 나타나야 한다. 이 자동차들은 미국과 일본에서 같은 품질, 같은 디자인, 같은 엔진마력, 비슷한 가격으로 팔리고 있다. 그러나 일본에서 혼다는 1위와 거리가 멀다. 혼다는 토요타와 닛산의 뒤를 이어 3위에 머물러 있다. 일본에서 토요타는 혼다보다 네 배 이상의 판매율을 자랑하고 있다.

그렇다면 일본의 혼다와 미국의 혼다는 어떤 차이가 있는가? 제품은 같다. 다만 소비자의 마음속에 존재하는 인식이 다르다.

만약 뉴욕에 사는 친구들에게 혼다를 샀다고 이야기하면 그들은 이렇게 물을 것이다.

"어떤 차종을 샀어? 시빅? 어코드? 프렐류드?"

그런데 도쿄에 사는 친구에게 혼다를 샀다고 말하면 이런 질문이 돌아올 게 틀림없다.

"어떤 기종의 오토바이를 샀어?"

일본에서 혼다는 소비자의 마음속에 오토바이 제조업체로 인식되어 있다. 확실히 대부분의 사람들은 오토바이회사에서 자동차를 사고 싶어 하지 않는다.

반대의 경우는 어떨까? 만일 할리데이비슨Harely-Davidson, 미국의 대표적인 오토바이 브랜드이 자동차를 출시하면 성공할까? 당신은 그 자동차가 어떠한가에 따라 성공 여부가 결정된다고 생각할지 모른다. 품질, 디자인, 엔진마력, 가격이 기준이라고 여길지 모른다. 품질에 할리데이비슨의 명성이 더해지면 금상첨화라고 믿을지 모른다. 하지만 우리 생각은 다르다. 제품이 아무리 좋아도 오토바이회사라는 인식은 할리데이비슨 자동차에 부정적으로 작용한다.

어째서 미국에서 최고 판매율을 자랑하는 켐벨Campbell 스프가 영국에서는 맥을 못 추고 있는가? 어째서 영국에서 가장 많이 팔리는 하인즈Heinz 스프가 미국에서는 실패작으로 전락해 버렸는가? 마케팅은 제품의 싸움이 아니라 인식의 싸움이다. 그리고 마케팅은 그런 인식을 다루는 일련의 과정이다.

청량음료업계의 경영자들은 동종업계 마케팅을 맛의 싸움이라 믿는 경우가 많다. 물론 뉴코크New Coke는 맛에서 단연 최고다.(코카콜라는 20만 번에 달하는 시음 테스트를 실시해 뉴코크가 펩시콜라보다 맛이 더 좋고 펩시는 현재 코카콜라클래식Coca-Cola Classic이라 불리는 오리지널 코카콜라보다 맛이 더 좋다는 사실을 '입증'해냈다.)

그런데 과연 청량음료 시장의 마케팅 전쟁에서 이긴 쪽은 어디인가? 조사 결과 최고의 맛을 지녔다고 입증된 뉴코크는 3위에 그쳤다. 그리고 제일 맛없다고 판명된 코카콜라클래식이 당당히 1위에 올랐다.

사람들은 자신이 믿고 싶어 하는 것을 믿는다. 그리고 맛보고 싶어 하는 것을 맛본다. 청량음료의 마케팅 역시 인식의 싸움이지 맛의 싸움이 아닌 것이다.

이때 소비자들이 '간접인식'을 근거로 구매결정을 하는 경우가 많다는 사실 때문에 싸움은 더욱 복잡해진다. 사람들은 자신의 인식을 활용하지 않고 다른 사람이 현실을 인식한 내용을 기반으로 구매결정을 한다. 이게 바로 '모르는 사람이 없는<sup>everybody knows</sup>' 원칙이라는 것이다.

일본이 미국보다 더 좋은 품질의 자동차를 만들어낸다는 사실을 모르는 사람이 없다. 사람들은 일본이 상대적으로 더 좋은 품질의 자동차를 만든다는 것을 모르는 사람이 없다는 사실에 근거해 구매결정을 내린다.

물건을 사러 온 사람에게 특정 제품을 사용해 본 경험이 있냐고 물으면, 대개 경험이 없다고 대답할 것이다. 혹 경험이 있다고 대답하는 경우에도 자기의 인식에 부합하도록 진실을 왜곡할 가능성을 무시할 수 없다.

과거에 일본산 자동차를 몰다가 좋지 않은 경험을 한 사람은 본인이 운이 없었던 것으로 치부하고 만다. 왜냐하면 일본이 고품질의 자동차를 만들어낸다는 사실을 모르는 사람이 없기 때문이다. 반대로 미국산 자동차를 몰면서 좋은 경험을 한 사람은 본인이 운이 좋았던 것으로 생각한다. 왜냐하면 미국산 자동차의 품질이 떨어진다는 사실을 모르는 사람이 없기 때문이다.

아우디<sup>Audi</sup> 자동차에 문제가 있다는 사실을 모르는 사람은 없다. 1986년 11월 23일, CBS의 〈60분<sup>60Minutes, 대표적인 시사고발 프로그램</sup>〉이 '통제 불능'이라는 제목으로 이 문제를 다룬 적이 있었다. 그때 방송에서는 아우디의 '급발진 현상<sup>unintended acceleration</sup>'에 대한 소비자 불만을 집중적으로 보도했다. 그러자 미국에서 아우디 판매율은 1986년 6만 대이던 것이 1991년에는 1만 2천 대로 급강하했다. 그런데 아우디를 시운전하다가 급발진 문제를 직접 경험해본 적이 있는가? 그럴 가능성은 사실 아주 희박하다. 그 이후 많은 자동차 전문가들이 아우디를 시험해 보았지만, 그런 문제점이 재현된 경우는 한 건도 없었다. 그럼에도 불구하고 그런 인식은 여전히 남아 있다.

최근 아우디는 메르세데스벤츠와 BMW에서 만들어내는 동급 자동차와 자사 자동차를 비교하는 광고를 내보냈다. 그 광고에 따르면, 독일 자동차 전문가들은 아우디가 품질 측면에서 메르세데스나 BMW를 능가한다고 평가했다.

당신은 그 말을 믿는가? 아마도 믿지 않을 것이다. 그 말은 사실일까? 그리고 사실이든 아니든 그게 중요할까?

마케팅은 제품의 싸움이 아니다. 인식의 싸움이다.

# 집중의 법칙

마케팅에서 가장 강력한 개념은
소비자의 마음속에 하나의 단어를
각인시키는 것이다

어떤 회사든 소비자의 기억 속에 단어 하나를 심고 그것을 소유할 방법을 찾아낸다면 대대적인 성공을 거둘 수 있다. 복잡한 단어가 아니다. 새로 만들어낸 조어도 아니다. 단순한 단어, 사전에서 바로 찾을 수 있는 단어가 가장 좋다.

이것이 바로 '집중의 법칙'이다. 단순한 하나의 단어나 개념에 초점을 모으면 사람들의 마음속에 깊은 인상을 남길 수 있다. 이는 궁극적으로 마케팅 '희생' 전략이라 할 수 있다.

페덱스는 상품 라인을 과감히 희생시키고 오로지 '익일배송'이라는 특성에 초점을 맞추어 소비자의 기억 속에 '익일overnight'이라는 단어를 심고 그 단어를 소유할 수 있었다.

'리더십의 법칙더 좋기보다는 최초가 되는 편이 낫다'에 따르면, 최초의 브랜드나 회사는 소비자의 마음속에 어떤 단어 하나를 심고 그것을 소유할 수 있다. 이때 리더가 소유하는 단어는 아주 단순해서 식별이 잘되지 않을 정도다.

리더는 해당 영역 전체를 대변하는 단어를 소유한다. 예를 들어 IBM은 '컴퓨터'라는 단어를 소유하고 있다. 이 말은 곧 리더의 브랜드명이 그 영역을 대변하는 보통명사로 통용된다는 뜻이다.

"우리는 IBM 기계가 필요합니다."

이 말의 의미가 컴퓨터를 필요로 하고 있다는 것에 의심의 여지가 있는가?

우리는 단어연상검사word association test, 특정단어를 제시한 후, 그 단어와 관련된 단어나 생각이 무엇인지 즉각적으로 반응하는 방식의 심리 검사를 통해서도 리더십이 갖는 효력을 가늠해 볼 수 있다. 제시된 단어가 컴퓨터, 복사기, 초콜릿바, 콜라라면 가장 쉽게 연상되는 단어들은 IBM, 제록스, 허쉬Hershey's, 코카콜라일 것이다.

이때 기민한 리더는 리더의 자리를 굳히고자 한 발 더 멀리 나간다. 하인즈는 '케첩'이라는 단어를 소유했다. 그러나 하인즈는 여기서 멈추지 않고 케첩의 가장 중요한 속성을 따로 떼어내 부각시키고자 했다.

"서방세계에서 가장 느리게 나오는 케첩Slowest ketchup in the West"이라는 표현을 통해 하인즈는 '진한 농도'라는 속성을 선점할 수 있었다. '느리다slow'는 단어를 소유하고자 한 노력은 하인즈가 50퍼센트의 시장점유율을 유지하는 데 톡톡히 기여했다.

만일 리더가 아니라면 당신의 단어는 범위를 좁혀 초점을 맞춘 것이라야 한다. 그러나 그 단어가 해당 영역에서 '이용 가능한' 것이면 된다는 사실이 보다 더 중요하다. 영역 밖의 회사들은 그 단어에 대한 통제권을 가질 수 없다.

언어의 천재가 아니어도 성공적인 전략을 찾을 수 있다. 프레고prego는 스파게티소스 시장의 리더 브랜드인 라구Ragu에 맞서 싸울 때, 하인즈에서 빌려온 아이디어로 시장의 27퍼센트를 차지했다. 프레고가 소유한 단어는 '더 진하다thicker'였다.

가장 효과적인 단어는 단순하고 효용 지향적인 단어다. 제품 속성이나 시장의 요구가 아무리 복잡다단하다 해도 둘 이상의 단어나 효용보다는 하나의 단어, 하나의 효용에 초점을 맞추는 것이 효과적이다.

게다가 '후광 효과'라는 것도 있다. 한 가지 효용에 대한 깊은 인상을 심어주면, 잠재고객들은 여러 가지 다른 효용들도 있을 것이라고 기대하게 된다.

'더 진한' 스파게티소스는 품질, 영양성분, 가치 등을 함축하고 있다. '더 안전한safer' 자동차는 더 나은 디자인과 기술을 함축하고 있다.

의도적인 프로그램의 결과든 아니든, 큰 성공을 거둔 회사 또는 브랜드는 그 대부분이 소비자의 마음속에 '단어 하나를 심고 그 단어를 소유한' 회사들이다. 그 몇 가지 예는 다음과 같다.

• 크레스트Crest: 충치

- 메르세데스: 기술
- BMW: 주행
- 볼보Volvo: 안전
- 도미노피자: 홈 딜리버리Home delivery, 가정배달
- 펩시콜라: 젊음
- 노드스트롬Nordstrom: 고급 백화점 서비스

단어들은 그 성격이 얼마든지 다를 수 있다. 혜택 지향적충치 예방, 서비스 지향적홈 딜리버리, 소비자 특성 지향적더 젊은 사람들, 판매 지향적선호 브랜드인 것 등 매우 다양하다.

우리가 소비자의 마음속에 어떻게든 단어를 심고 소유하라고 강조하고는 있지만, 세상에 영원한 것은 없다. 회사마다 단어를 바꿔야 하는 시기가 오기 마련이다. 단어를 바꾸기란 결코 쉬운 일이 아니다. 로터스 디벨롭먼트Lotus Development의 최근 사례가 이런 문제의 본질을 증명해 주고 있다.

지난 몇 년의 세월 동안 로터스는 스프레드시트spreadsheet라는 단어를 소유해왔다. 로터스는 '1, 2, 3', 그리고 '스프레드시트'와 동의어였다. 그러나 스프레드시트 시장에도 경쟁양상이 심화되어 성장잠재력에 한계가 느껴지고 있다. 다른 회사들처럼 로터스도 성장을 원한다. 과연 이 회사는 어떻게 해야 단일제품을 취급하는 비즈니스라는 한계를 넘을 수 있을까?

전통적인 관점에서의 해답은 IBM이나 마이크로소프트가 그랬

듯 전 방향으로 확장을 도모하는 것이다. 사실 로터스는 아미프로Ami Pro 워드프로세서 소프트웨어를 사들이고 신규 소프트웨어 제품들을 개발해 내놓는 등 이미 전통적인 라인 확장을 도모한 바 있다. 그 과정에서 로터스는 네트워크 퍼스널컴퓨터 소프트웨어 제품인 '그룹웨어Groupware'라는 새로운 개념에 초점을 맞추기 위해 회사를 대대적으로 재정비했다.

로터스는 성공적인 그룹웨어 제품을 개발한 최초의 소프트웨어 회사였다. 일이 순조롭게만 풀린다면, 이 회사는 소비자의 마음속에 두 번째 단어를 심어 소유하는 데 성공할 것이다.

마이크로소프트와 달리 로터스는 전사적全社的 차원에서 통일된 초점을 갖고 있다. 하룻밤 새 이루어질 일은 아니지만, 로터스는 소프트웨어 분야에서 장기적으로 막강한 지위를 키워갈 수 있을 것이다. '익일overnight'이 페덱스에, '안전satety'이 볼보에 해주었던 일을 '그룹웨어' 또한 로터스에 해줄 수 있을 것이다.

한편 당신은 다른 사람이 소유하고 있는 단어를 가져올 수 없다. 로터스 전략이 유효할 수 있는 이유는 '그룹웨어'라는 단어를 다른 회사가 소유했던 적이 없었기 때문이다. 게다가 업계에서는 컴퓨터의 네트워크화를 향한 대대적인 트렌드마저 조성되고 있다.(모든 비즈니스용 컴퓨터의 절반 이상이 네트워크로 연결되어 있다. 심지어 〈네트워크 컴퓨팅Network Computing〉이라는 새로운 잡지까지 생겨났다.)

많은 회사들이 하나의 단어, 하나의 개념소위 그 회사의 '기업 비전'이라고 하는을 소유함으로써 얻는 이득을 잘 알고 있으면서도 정작 그 단어를 선점해 최초가 되려는 노력은 하지 않고 있다.

다른 사람이 소유한 단어가 좋아 보인다고 자기가 소유한 단어를 내버리는 행위는 마케팅에서 전혀 득이 될 게 없다. '비디오게임 video game'이란 단어를 소유했던 아타리Atari의 경우가 바로 그런 예다. 비디오게임 비즈니스가 유행처럼 번져갔던 1982년, 이 회사는 새롭게 방향 전환을 도모했다. '아타리'라는 단어가 '컴퓨터'를 의미할 수 있기를 바랐기 때문이다. 아타리의 CEO인 제임스 모건James Morgan은 이렇게 의지를 표명했다.

"'아타리'라는 이름이 갖는 강점은 곧 약점이 될 수 있습니다. 아타리는 비디오게임과 동일하게 인식되고 있습니다. 아타리는 그런 이미지를 쇄신하고 사업영역을 일반 소비재상품까지 확장해야 합니다."

그러나 모건 회장에게는 애석한 일이지만 그가 소유하고자 했던 단어는 애플과 IBM을 포함, 이미 다수의 다른 회사들이 소유하고 있던 것이었다. 그런데 정말 어이없는 것은 1986년 시장에 뛰어든 또 다른 회사가 아타리가 내다버린 단어를 대신 취한 일이었다. 그 회사는 다름 아닌, 오늘날 수십억 달러에 달하는 비디오게임 시장의 75퍼센트를 차지하고 있는 닌텐도Nintendo다. 혹시 지금 아타리가 어디에 있는지 아는 사람이 있는가?

마케팅의 핵심은 초점을 좁히는 것이다. 활동 반경을 줄이면 당신은 더욱 강해질 수 있다. '모든 것'을 좇으려다가는 결코 어느 '하나'의 대표가 될 수 없다.

그런데 초점을 좁혀야 한다는 필요성을 인정은 하지만, 그 전략을 자멸적인 방법으로 수행하고자 하는 회사들이 많다.

"우리는 시장에서 오로지 품질에만 초점을 맞추겠습니다. 가격을 내세운 저가정책은 펼치지 않을 것입니다."

그러나 문제는, 당신이 메르세데스벤츠나 BMW처럼 고가의 제품으로 사업 범위를 제한시키지 않는 한, 소비자들이 당신의 말을 믿어주지 않는다는 데 있다.

제너럴 모터스는 '모든' 가격대에서 품질을 강조하려고 한다. "도로 위에서 품질을 실현하다."가 이 회사에서 내건 기업 슬로건이다. 제너럴 모터스의 모든 제품에는 '탁월한 품질 표시Mark of Excellence'가 붙어 있다.

한편 포드는 어떻게 하고 있을까? 마찬가지다. 포드 광고는 "품질은 첫 번째 의무Quality is Job 1"라고 말한다.

크라이슬러의 리 아이아코카Lee Iacocca 회장은 이렇게 공언하고 있다. "우리는 가장 큰 회사가 되고 싶지 않습니다. 그저 최고가 되고 싶습니다." (하지만 그의 말을 정말로 믿는 사람이 과연 있을까?)

"완벽한 품질, 위대함으로 가는 길Total quantity, the path to greatness"과 같은 메시지는 기업 내부에서는 대단히 효과적이다. 특히 트럼펫과 무용수들로 시끌벅적하게 흥을 돋우는 영업사원 회합 자리에서 이만큼 멋진 주제도 없다. 하지만 회사 밖에서는 그 메시지가 통하지 않는다. 스스로 '품질 낮은 회사'라고 자처하고 나설 회사가 어디 있겠는가? 모든 회사가 품질을 강조하다 보니, 결국 아무도 품질로

차별화되지 않는다.

누구도 반대하지 않는 개념으로는 초점을 좁힐 수 없다. 예를 들어 당신과 반대 입장에 서겠다고 자처하는 이가 아무도 없다면, 당신은 결코 자신을 정직한 정치인으로 내세울 수 없다. 그러나 기업 옹호나 노동자 옹호를 외치며 후보자로 나선다면, 당신은 즉각적인 지지를 받을 수 있다. 왜냐하면 당신의 반대 입장을 지지하는 세력이 분명 존재하기 때문이다.

초점을 맞출 단어를 개발할 때는 변호사를 멀리할 각오를 해야 한다. 변호사들이란 당신이 시장에 내놓는 것은 무조건 상표등록을 해서 독점권을 가지라고 종용하는 사람들이다. 당신은 다른 사람으로 하여금 당신의 단어를 사용하도록 만들어야 한다.(추종자가 있어야 리더도 될 수 있다.)

로터스에게는 다른 회사들이 그룹웨어 비즈니스에 진출하는 것이 도움이 될 수 있다. 그 영역의 중요성이 가중되면 사람들은 로터스의 리더십으로부터 훨씬 더 강한 인상을 받게 될 것이기 때문이다.

특정 단어를 확보했다면, 당신은 시장 상황이 어떻든 그 단어를 보호하기 위해 각별한 노력을 기울여야 한다. BMW의 사례가 이를 잘 보여준다. 수년간 BMW는 타의 추종을 불허하는 '주행driving' 기계였다. 그러나 회사가 제품 라인을 확장해 7시리즈 대형 세단으로 메르세데스벤츠를 추격하려고 하면서 문제가 발생했다. '바퀴 달린 거실'이 어떻게 '최고의 주행 기계'가 될 수 있겠는가? 노면을 제대로 느끼지 못할 정도의 안락함을 주는 동시에 광고에 나오는 그대로 모든 도로 방해물들을 날려버리기라도 해야 하는데 말이다.

그 결과 BMW의 이미지는 하락세를 타기 시작했다. 다행히 BMW는 이후 새로운 소형 모델을 출시하며 다시 '주행'을 강조하는 방향으로 돌아섰다. 원래의 초점을 되찾은 것이다.

'집중의 법칙'은 당신이 팔고 있는 것이 무엇이든, 아니 팔고 싶어 하지 않는 것에까지 적용 가능하다. 마약을 예로 들 수 있다. 오늘날 마약 퇴치에 관한 텔레비전이나 잡지 광고는 초점이 결여되어 효과를 보지 못하고 있다. 마약 상용자들의 마음속을 파고들어 가 '마약'이라는 개념 자체를 믿지 않게끔 만들어줄 만한 하나의 단어가 없다. 그럼에도 불구하고 반反마약 광고는 전 세계적으로 이루어지고 있다.

반마약 운동가들(따지고 보면 전문가들이라 할 수 없겠지만)은 낙태법을 둘러싸고 투쟁을 벌이는 비전문가들로부터 배울 점이 있을 법도 하다. 낙태법의 찬반 양측은 각각 '생명 존중' 그리고 '선택 존중'이라는 하나의 강력한 단어에 초점을 맞추고 있다.

반마약 운동가들도 이와 같이 해야 한다. 단 하나의 강력한 단어에 초점을 맞추어야 한다. 마약퇴치 캠페인이 해야 할 일은 지금의 담배처럼 마약을 사회적으로 용인되지 못하는 개념으로 만드는 것이다. 이런 일을 해낼 수 있는 단어로 극단적 부정어에 속하는 '패배자loser'를 생각해 볼 수 있다.

마약은 온갖 종류의 상실직장, 가족, 자기 존중, 자유, 삶을 야기한다. 이 점에 착안해 마약을 '패배자의 전유물'이라고 강조한다면, 순간적

쾌락보다 사회적 지위에 더 신경을 쓰는 사람들에게는 특히 강한 충격을 줄 수 있다.

'집중의 법칙'은 마케팅 법칙이지만, 우리 사회의 가장 큰 문제 하나를 해결하는 데에도 도움이 될 수 있다.

# 독점의 법칙

소비자의 마음속에 심은 단어를
두 회사가 동시에 소유할 수는 없다

경쟁자가 소비자의 마음속에 이미 심어놓은 단어나 지위를 같이 소유하겠다고 시도하는 것은 아무런 득이 되지 않는다.

앞에서 언급한 바 있지만, 볼보는 '안전'이라는 단어를 심고 소유했다. 그런데 메르세데스벤츠와 제너럴 모터스를 포함해 다른 많은 자동차회사들도 똑같이 '안전'을 강조한 마케팅 캠페인을 시도해왔다. 하지만 오로지 볼보만이 '안전'이라는 메시지를 소비자의 마음속에 들여놓는 데 성공했다.

아타리의 사례는 이미 다수의 경쟁자들이 겹겹이 에워싸고 있는 가정용 컴퓨터 시장에 끼어들어 한자리를 차지하려 했던 시도가 얼마나 무의미한 것인지를 잘 보여주고 있다. 아타리는 컴퓨터게임의 창시자라는 인식을 십분 활용해 '게임용 컴퓨터'로 변화를 줄 수 있었다. 가정용 컴퓨터 시장은 애플, 코모도어, 그리고 또 다른 회사들이 이미 나눠 갖고 있었다.

　이런 안타까운 전례들이 있음에도 불구하고, 많은 회사들이 '독점의 법칙'을 계속해서 어기고 있다. 사람의 마음이란 일단 한번 정해지면 누구도 바꿀 수 없다. 알고 보면 당신은 경쟁자가 소유한 개념을 더 중요하게 부각해 경쟁자의 지위를 더욱 강화시켜 주는 우愚를 범할 때가 많다.

　페덱스는 '익일배송'이라는 단어를 내버리고 DHL에게서 "전 세계로worldwide"를 가져오려고 노력하는 중이다. 페덱스의 배송봉투에는 원래 '익일배송 우편Overnignt Letter'이라는 말이 찍혀 있었다. 그런데 지금은 '페덱스 우편FedEx Letter'이라고 찍혀 있다. 페덱스는 더이상 광고에서도 "꼭, 반드시 내일 도착해야 한다면When it absolutely, positively has to be there overnight"이라는 말을 하지 않는다.

　지금 페덱스 광고에 등장하고 있는 말은 "전 세계로worldwide"다.

　그렇다면 다음의 중요한 질문을 제기하지 않을 수 없다. 과연 페덱스는 '전 세계로'라는 단어를 소유할 수 있을까? 모르긴 몰라도 불가능하리라. 이미 다른 회사가 그 단어를 소유하고 있기 때문이다. 바로 DHL월드와이드익스프레스DHL Worldwide Express다. 이 회사의 슬로건은 물론 "세계의 더 많은 곳으로, 더 빠르게Faster to move of the world"다.

　성공을 거두고 싶다면 페덱스는 DHL에 맞서 초점을 좁힐 방안을 찾아보아야 한다. 소비자의 마음속에 경쟁사가 이미 심어놓은 단어를 소유하려 한다면 성공을 거둘 수 없다.

다른 사람이 소유한 단어를 목표로 엄청난 마케팅 노력을 쏟아붓고 있는 또 다른 예를 우리는 토끼들의 싸움터에서 찾아볼 수 있다.* 에너자이저Energizer는 듀라셀Duracell로부터 '오래가는long-lasting'이라는 개념을 가져오려고 기를 쓰고 있다. 그러나 에너자이저가 아무리 많은 토끼들을 이 싸움터에 투입한다 해도 듀라셀이 '오래가는'이라는 단어를 고수하는 데는 아무런 문제가 없을 것이다. 듀라셀은 소비자의 마음속에 제일 먼저 들어가 그 개념을 선점했다. 심지어 이름의 '듀라Dura, 라틴어 durus에서 파생된 접두사로 '견고한', '지속성이 있는'을 의미'에서도 그런 개념이 느껴진다.

마케터들이 이 위험천만한 길로 빠지게 되는 주된 원인은 바로 시장조사Reserch라는 멋진 도구때문이다. 시장조사를 위한 대대적인 인력이 투입되고, 포커스그룹조사가 실시되고, 설문조사 결과가 일목요연하게 작성된다. 그런 다음 돌아오는 것은 해당 제품이나 서비스에 대해 사용자들이 원하는 속성이 줄줄이 열거된, 종이 무게만 1킬로그램이 넘는 보고서다. 그 노력으로 얻는 결과는? "사람들이 원하는 게 '그것'이라면, 우리는 '그것'을 사람들에게 주어야 한다"는 자명한 대답이다.

건전지를 사용할 때 사람들이 경험하는 가장 큰 문제점은 무엇

---

* 건전지 브랜드의 라이벌인 듀라셀과 에너자이저는 둘 다 북을 치는 핑크색 토끼를 마스코트로 삼아 오랜 기간 신경전을 벌여왔다. 듀라셀이 먼저 토끼 캐릭터를 성공시켰지만, 이후 에너자이저에 미국 내 상표권을 빼앗겼다. 듀라셀은 해외에서는 여전히 토끼를 이용한 광고를 지속하고 있다.

인가? 결정적인 순간에 건전지가 나가버리는 것이다. 그렇다면 건전지의 가장 중요한 속성은? 물론 '오래가는' 지속력이다. 사람들이 원하는 게 '오래가는' 것이라면, 우리는 그 점을 광고해야 한다. 맞지 않은가?

맞지 않다. 시장조사 전문기관에서 당신에게 말해주지 않은 게 있다. 바로 다른 회사가 이미 그 아이디어를 소유하고 있다는 사실이다. 그러면서 대대적인 마케팅 프로그램에 착수하라며 고객인 당신의 등을 떠민다. 충분한 돈을 투입하면 그 아이디어를 소유할 수 있다는 것이다. 맞지 않은가?

맞지 않다. 몇 년 전, 시장조사 결과 패스트푸드의 가장 중요한 속성은 '빠르다fast'라는 게 드러났다.(새삼스러운 일도 아니지만.) 이에 버거킹은 혈기만 앞서는 마케터들이 곧잘 저지르는 실수를 범했다. 광고회사에 대고 이렇게 주문한 것이다.

"세상이 빠른 것을 원한다면, 우리의 광고는 무엇보다 우리가 빠르다는 사실을 세상에 알리고 싶습니다."

그 시장조사가 간과한 것은 이미 맥도날드McDonald's가 미국에서 가장 빠른 햄버거 체인으로 먼저 인식되어 있다는 사실이었다. '빠르다'의 소유권은 맥도날드가 갖고 있었다.

이에 굴하지 않고 버거킹은 이번에는 "빠른 시대에 최고의 음식 The best food for fast times"이라는 슬로건을 내세워 또 다른 캠페인을 시작했다. 그 프로그램은 '허브Herb'** 캠페인에 필적할 만큼 대실패로 끝났다. 광고회사는 계약이 파기되고, 경영진은 해고되었으며, 회사는 매각되었고 버거킹은 한참이나 하향세를 그렸다.

결국 수많은 사람들이 독점의 법칙을 어긴 대가를 치러야만 했다.

---

** 1985년 말부터 1986년 중반까지 진행된 캠페인으로, 버거킹 역사상 가장 큰 실패 중 하나로 꼽힌다. 미국에서 유일하게 버거킹의 와퍼를 먹어본 적 없는 '허브'라는 가상 인물을 내세워 고객이 버거킹 매장에서 허브를 찾아내면 5천 달러의 상금을 주는 이벤트였다.

# 사다리의 법칙

사다리의 어떤 디딤대를 차지하고 있느냐에 따라
구사할 전략은 달라진다

소비자의 마음속에 최초로 입성하는 것이 핵심적인 마케팅 목표가 되어야 하지만, 이 목표에서 실패했다고 해서 승산이 없는 것은 아니다. 2위나 3위 브랜드를 위한 전략도 있다.

소비자에게 모든 제품이 '평등하게' 다가가지는 않는다. 소비자의 마음속에는 구매결정을 할 때 사용하는 서열등급이라는 것이 있다.

각 영역별로 사람들의 마음속에는 제품 사다리가 있다. 그 사다리의 각 디딤대에 각각의 브랜드명이 있다. 렌터카 영역을 생각해보자. 허츠Herz는 소비자의 마음속에 최초로 들어가 가장 높은 디딤대를 차지했다. 에이비스Avis는 두 번째, 내셔널National은 세 번째다.

당신의 마케팅 전략은 얼마나 빨리 소비자의 마음속으로 들어갔느냐, 그래서 사다리의 어느 디딤대를 차지했느냐에 따라 달라져야 한다. 물론 더 높은 디딤대일수록 유리하다.

에이비스를 예로 들어보자. 이 회사는 자사의 서비스 품질이 우수하다고 광고해 왔다. "렌터카업계에서 제일 뛰어난 서비스Finest in rent-a-cars"가 에이비스의 광고 메시지 중 하나였다. 그런데 광고를 본 사람들은 고개를 갸우뚱했다.

"내 마음속 사다리의 가장 높은 디딤대를 차지하지도 못한 회사가 어떻게 가장 뛰어난 렌터카 서비스를 제공한다는 거지?"

이에 에이비스는 소비자의 마음속에서 한 발 진전을 이루는 데 반드시 필요한 일을 했다. 사다리 위에서의 자기 위치를 인정하고 나선 것이다.

"에이비스는 렌터카 시장에서 2위밖에 안 됩니다. 그런데도 우리를 찾아야 하는 이유는 무엇일까요? 우리는 더 열심히 노력하기 때문입니다."

에이비스는 13년 연속 적자상태를 면치 못했다. 그러던 것이 2위라는 것을 인정하는 순간부터 이득을, 그것도 아주 큰 이득을 보기 시작했다. 그 후 얼마 되지 않아 회사는 ITT에 매각되었는데, ITT는 즉각 광고 주제를 바꾸라고 지시했다.

"에이비스가 업계 1위가 될 것입니다Avis is going to be No.1."

그러자 소비자들은 즉각 부정적인 반응을 보였다.

"그렇지 않아. 에이비스는 1위가 아니야. 에이비스는 내 사다리의 제일 높은 자리에 올라 있지 않아."

그 사실을 입증이라도 하려는 듯, 사람들은 수화기를 집어 들고 허츠로 전화를 돌려댔다. 그 캠페인은 대실패였다.

그런데 수많은 마케팅 종사자들이 에이비스의 사례를 잘못 해석하고 있다. 회사가 한때 성공했던 이유가 더 열심히 노력했기 때문이라고 생각한다.(요컨대, 더 나은 서비스를 제공했다든가) 그러나 그게 전부가 아니었다. 에이비스는 소비자의 마음속에 있는 허츠의 지위를 인정했기에 성공할 수 있었다.(만일 더 열심히 노력한 게 성공의 비결이었다면, 에이비스의 사장이었던 해롤드 스태슨Harold Stassen은 더 오래 그 자리를 지켰으리라.)

많은 마케터들이 에이비스가 자행했던 실수를 똑같이 저지르고 있다. 한 예로 롱아일랜드 섬 가든시티의 아델피대학Adelphi University은 하버드대학과 자신을 비교하는 홍보전략을 세웠다. 대학의 잠재고객인 고등학교 졸업반인 학생들의 생각은 어땠을까? 당연히 에이비스에 대한 소비자의 반응과 같았다.(그들도 소비자임이 틀림없으니 말이다.)

"가만, 아델피대학은 내 대학교 사다리에 없는 학교잖아?"

예상대로 아델피대학은 상위권 학생들을 유치하는 데 큰 성공을 거두지 못하고 있다.

사람의 마음은 선택적이다. 잠재고객들은 어떤 정보를 받아들이고 어떤 정보를 거부할지 결정할 때 자신들의 '사다리'를 사용한다. 대개 그 마음은 해당 영역의 제품 사다리와 일치하는 새로운 정보만 받아들인다. 그 외의 정보는 무시된다.

크라이슬러가 자사 자동차를 혼다와 비교하는 전략을 내세웠을 때, 프렐류드Preludes와 어코드accord를 타던 사람들이 플리머스 Plymouth와 닷지Dodge로 바꾼 경우는 거의 없었다. 당시 크라이슬러 광고의 헤드라인은 다음과 같았다.

"중고 닷지 스피릿Spirit을 신제품 혼다 어코드에 비교하는 일이 다소 말이 안 된다고 생각했습니다. 우리가 그 결과를 보기 전까지는."

광고에 따르면, 100명의 사람을 대상으로 7만 마일을 달린 닷지 스피릿과 혼다 어코드를 비교하는 설문조사에서 과반수 이상인 58명이 중고 닷지를 선택했다고 한다. 정말 말이 안 되는 이야기다. (결코 사실무근이라는 말은 아니지만.)

잠재고객의 마음속 사다리에서 당신의 제품은 어떤 위치를 차지하는가? 그 사다리에는 얼마나 많은 디딤대가 있는가? 당신 제품이 고관여 제품인지 저관여 제품인지에 따라 디딤대 수는 달라진다. 사람들이 거의 매일 사용하는 제품담배, 콜라, 맥주, 치약, 시리얼은 사다리에 여러 개의 단이 있는 고관여 제품인 경향이 있다. 반면 구매빈도가 낮은 제품가구, 잔디깎기 기계, 여행가방은 보통 몇 개의 단만 있는 저관여 제품이다.

한편 개인적인 위상이 많이 관련되는 제품자동차, 시계, 카메라도 고관여 제품으로 분류되어 구매빈도는 낮아도 사다리의 디딤대 수는 많다.

그리고 구매빈도가 낮고, 불쾌한 경험을 동반하는 제품자동차 배터리, 타이어, 생명보험은 사다리 디딤대 수가 아주 적다. 궁극적으로 가장 적은 즐거움을 주고 일생에 한 번만 구매하는 극단적 제품은 사다리에 디딤대가 아예 없다. 베이츠빌Batesville이라는 관棺 브랜드를 들어본 적 있는가? 아마 없을 것이다. 그러나 그 브랜드의 시장점유율은 거의 50퍼센트에 육박하고 있다.

시장점유율과 잠재고객의 마음속에서 당신의 브랜드가 차지하는 위치 사이에는 긴밀한 상관관계가 있다. 일반적으로 당신의 브랜드는 아래에 있는 브랜드보다 두 배 높은 시장점유율을 갖게 되며, 위에 있는 브랜드보다 절반 정도의 시장점유율을 차지할 가능성이 크다.

예를 들어 아큐라는 최초의 일본산 럭셔리 자동차였고, 렉서스Lexus는 두 번째, 인피니티Infinity가 세 번째였다. 최근 아큐라는 미국에서 14만 3천708대를 팔았고, 렉서스는 7만 1천206대를 팔았으며, 인피니티는 3만 4천890대를 팔았다. 이 세 브랜드의 격차는 수학적으로 계산해 보면 거의 정확한 4대 2대 1이다.

마케팅 전문가들은 어떤 영역을 놓고, 마치 동등한 세력 간의 싸움인 양 "세 개의 리더 브랜드"라는 말을 자주 언급한다. 그러나 절대 그렇지 않다. 리더 브랜드는 2위 브랜드보다, 2위 브랜드는 3위 브랜드보다 필연적으로 우세하다. 유아용 시판식품 시장의 1, 2, 3위는 거버Gerber, 비치넛Beech-Nut, 하인즈Heinz 순이다. 맥주 시장의 1, 2, 3위는 버드와이저Budweiser, 밀러, 쿠어스Coors다. 장거리 전화 서비스 시장에는 AT&T, MCI, 스프린트Sprint가 있다.

그런데 잠재고객의 마음속 사다리에는 최대 몇 개의 디딤대가 있을까? 아무래도 '7의 법칙'이라도 존재하는 것 같다. 누구에게든 특정 영역을 지정하고 기억나는 대로 브랜드명을 말해달라고 요청해보라. 이름을 일곱 개 이상 대는 사람은 거의 없을 것이다. 그나마 고관여 제품 영역일 경우에 그렇다.

하버드대학의 심리학 교수인 조지 밀러George A. Miller 박사에 의하면, 보통 사람의 기억은 한 번에 일곱 단위 이상 감당할 수 없다고 한다. 기억해야 할 목록의 가장 보편적인 숫자가 '7'인 이유도 이 때문이다. 일곱 자리 전화번호, 세계 7대 불가사의, 일곱 장의 카드로 하는 스터드 포커게임, 백설공주와 일곱 난쟁이, 암의 징후를 알려주는 일곱 가지 위험신호 등이 그것이다.

때로는 당신의 제품 사다리나 그 제품이 속한 영역의 크기가 아주 작을 수 있다. 작은 연못의 큰 물고기가 되느니 큰 연못의 작은 물고기가 되는 편이 나을 때도 있다. 즉 작은 사다리에서 첫 번째가 되는 것보다는 큰 사다리에서 세 번째가 되는 편이 낫다는 말이다.

레몬 라임 소다 사다리의 첫 번째 디딤대는 세븐업7Up이 차지하고 있었다.(스프라이트Sprite는 두 번째였다.) 그런데 청량음료 분야의 콜라 사다리는 레몬 라임 사다리보다 비교도 안 되게 크다.(미국에서는 세 개 중 두 개꼴로 콜라가 더 많이 팔려나간다.) 그래서 세븐업은 '언콜라 Uncola, '콜라가 아니다'라는 뜻으로 보이지만 사실은 기존 콜라와 다른 콜라라는 의도가 담겨 있음' 라는 마케팅 캠페인을 실시, 콜라 사다리를 올라가기 시작했다.

커피 대신 차茶가 있듯, 세븐업은 콜라 음료의 대안이 되었다. 급기야 세븐업은 미국의 청량음료 시장에서 세 번째로 많이 팔리는 브랜드로 사다리를 껑충 뛰어올랐다.(그러나 불행히도, 이후 세븐업은 뒤에서 언급할 '라인 확장의 법칙'을 어기는 바람에 3위 자리에서 밀려났다.)

사다리 개념은 지극히 단순하지만, 마케팅에서 중요한 사안들을 다루는 데 효과적인 도구다. 어떤 마케팅 프로그램이든 시작하기에 앞서 자신에게 다음의 질문을 던져보라. 우리는 잠재고객의 마음속 사다리, 그 어디쯤에 올라 있는가? 첫 번째 디딤대인가? 두 번째 아니면 아예 사다리에 올라서지도 못한 상태는 아닌가?

그런 다음에는 반드시 마케팅 프로그램이 사다리 위에서 당신의 위치를 현실적으로 반영하고 있는지 확인하라. 그 방법에 대해서는 이후에 더 자세히 다루고자 한다.

# 이원성의 법칙

장기적으로 보면, 모든 시장은
두 마리 말이 달리는 경주다

새로운 영역의 초기 단계는 많은 디딤대로 이루어진 사다리와 같다. 그러다가 시간이 지나면서 그 사다리는 디딤대 두 개의 싸움으로 좁혀진다.

　건전지에는 에너자이저와 듀라셀이 있다. 인화용 필름에는 코닥<sup>Kodak</sup>과 후지<sup>Fuji</sup>가 있다. 렌터카에는 허츠와 에이비스가 있다. 구강청결제에는 리스테린<sup>Listerine</sup>과 스코프<sup>Scope</sup>가 있다. 햄버거에는 맥도날드와 버거킹이 있다. 운동화에는 나이키와 리복이 있다. 치약에는 크레스트<sup>Crest</sup>와 콜게이트<sup>Colgate</sup>가 있다.

　오랜 시간을 두고 잘 관찰해보면, 마케팅 싸움은 대개의 경우 두 거물<sup>오래되어 신뢰가 쌓인 브랜드와 신생브랜드</sup> 사이에서 벌어지는 이파전임을 알 수 있을 것이다.

　1969년으로 돌아가면, 어떤 제품을 놓고 세 개의 주요 브랜드가 존재하고 있었다. 리더 브랜드는 시장의 60퍼센트를, 2위 브랜드는 25퍼센트를, 3위 브랜드는 6퍼센트의 점유율을 차지했고, 나머지는 자사 상표 브랜드Private Label나 군소 브랜드들이 나눠 갖고 있었다.

'이원성二元性의 법칙'은 이런 시장점유율 형태가 불안정하다는 것을 시사한다. 나아가 리더 브랜드가 시장점유율을 잃고, 2위 브랜드가 그 시장을 차지하게 되리라는 것을 예견한다. 아니나 다를까, 22년 뒤 리더 브랜드의 시장 점유율은 45퍼센트로 내려앉았다. 그리고 2위 브랜드는 40퍼센트, 3위 브랜드는 3퍼센트를 차지했다. 그 제품은 다름 아닌 코카콜라, 펩시콜라, 로열크라운이다. 그리고 이 원칙은 그 종류를 불문하고 모든 브랜드에 적용된다.

장거리 전화회사의 세 거물을 보자. AT&T는 시장의 65퍼센트를, MCI는 17퍼센트를, 그리고 스프린트는 10퍼센트를 차지하고 있다. 이 전화 전쟁에서 장차 누가 이기고 또 지게 될 것인가? 미래는 알 수 없지만, 내기에 능한 사람이라면 MCI에 돈을 걸 것이다. MCI는 스프린트와 벌인 2위 쟁탈전에서 승리를 거두었고 그 여세를 몰아 오래되어 신용이 쌓인 AT&T의 새로운 대안으로 치고 올라올 가능성이 크다.*

---

* 2000년대에 들어서면서 장거리 전화산업 자체가 이미 이동통신이나 데이터통신 등 수많은 대체서비스와의 경쟁으로 성장성이 쇠퇴했다. 2024년 현재 AT&T는 5G와 광섬유 인프라 확장에 중점을 두고 있다. MCI는 한때 통신업계의 주요 기업이었으나, 미국 역사상 가장 큰 파산을 겪은 후, 2006년에 버라이즌Verizon Communications에 인수되었다.

한편 스프린트는 사다리의 세 번째 디딤대를 밟고 서 있지만 마음이 느긋하다. 시장점유율 9퍼센트라고 하면 대단치 않아 보일지 몰라도 돈으로 환산하면 연간 매출액이 60억 달러에 이른다는 의미다. 게다가 이 시장은 대단히 빠른 성장세를 보이고 있다.

그러나 장기적인 안목에서 보면, 스프린트는 현재 아주 심각한 문제에 당면해 있다. 로열크라운에 일어났던 일을 생각해보자. 1969년 로열크라운은 350개의 탄산음료회사와 연계해 프랜차이즈 시스템을 활성화하고, 라이벌펫푸드Rival Pet Food의 전前 사장을 비롯해 코카콜라와 펩시의 고급 인력들을 대거 스카우트했다. 그리고 웰즈리치그린Wells, Rich, Greene 같은 뉴욕의 유명 광고회사들과 계약을 맺었다.

"우리는 코카콜라와 펩시의 숨통을 끊어놓고자 합니다."

웰즈리치그린의 대표인 메리 웰즈 로렌Mary Wells Lawrence은 이렇게 선언하고 나섰다.

"과격한 표현을 이해해주시기 바랍니다. 그러나 우리는 정말로 그들의 급소를 찌를 것입니다."

그러나 정작 숨통이 끊어진 브랜드는 로열크라운 자신이었다. 성장세를 타고 있는 산업에서 3위란 지키기가 대단히 힘든 자리다.

미국의 국내 자동차산업을 예로 들어보자. 리 아이아코카의 과감한 조치에도 불구하고 크라이슬러는 어려움에 봉착했다. 장기적으로 보면 결국, 자동차 마케팅도 두 자동차회사 간의 경쟁이다.

비디오게임 시장을 살펴보자. 1980년대 후반, 비디오게임 시

장은 닌텐도가 75퍼센트를 차지하고 있었다. 후발대는 세가<sup>Sega</sup>
와 NEC였다. 이후 닌텐도와 세가는 막상막하의 접전을 벌였으나,
NEC는 저만치 뒤처졌다. 장기적으로 보면 결국, 비디오게임 마케
팅도 두 게임회사 간의 경쟁이다.**

한편, 승부가 판가름 날 때까지 걸리는 시간은 다를 수 있다. 변
화 속도가 빠른 비디오게임 시장은 두세 시즌이면 승부가 결정된
다. 이에 비해 장거리전화 시장은 20~30년이 걸릴 수도 있다.

항공산업의 경우를 보자. 현재 시장점유율 20퍼센트로 선두를
달리고 있는 아메리칸에어라인은 모르긴 몰라도 '하늘의 코카콜
라'가 될 것이다. 그렇게 되면, 바로 그 뒤에서 똑같이 18퍼센트의
시장점유율을 나눠 갖고 있는 델타항공과 유나이티드항공 간의 각
축전이 흥미진진해진다. 둘 중 하나는 펩시처럼 비상하고, 다른 하
나는 로열크라운처럼 추락하게 될 테니 말이다. 장기적으로 보면 결
국, 항공사 마케팅도 두 항공사 간의 경쟁이다.***

그런데 이런 결과는 처음부터 운명지어져 있던 것일까? 물론 그
렇지 않다. 결과에 영향을 미칠 수 있는 또 다른 마케팅 법칙들이
있다. 당신의 마케팅 프로그램이 그 마케팅 법칙들을 제대로 따르

---

** 2002년 이전까지 비디오게임기 시장은 닌텐도, 세가, 소니의 삼파전이었다. 그러나 이후
마이크로소프트가 출시한 엑스박스<sup>Xbox</sup>의 등장으로, 현재는 소니, 마이크로소프트, 닌텐
도가 미국 내 게임기 시장을 주도하고 있다.

*** 미국 항공산업에서 가장 큰 점유율을 차지하는 항공사는 아메리칸에어라인, 델타항공, 사
우스웨스트항공, 유나이티드항공이다. 이들 항공사가 전체 시장의 74퍼센트를 차지한다.

기만 한다면 판매율에 막강한 영향력을 행사할 수 있다. 만일 당신이 로열크라운처럼 그 입지가 불안한 3위 자리에 있다면 총력을 몰아 막강한 두 리더 브랜드를 공격해봤자 별 진전이 없을 것이다. 로열크라운이 했다면 좋았을 일은 자신들만의 수익성 있는 틈새시장을 개척해내는 것이었다.

장기적으로 마케팅은 결국 두 마리 말이 달리는 경주라는 사실을 알고 있다면, 단기적으로 전략을 수립하는 데 큰 도움이 될 수 있다.

2위 자리는 확실히 규명할 수 없는 경우가 많다. 경합을 벌이는 자들이 얼마나 수완 좋게 대처하느냐에 따라 결과는 달라진다. 노트북컴퓨터 시장을 보자. 21퍼센트의 시장점유율로 도시바Toshiba가 세계 1위에 올라 있다. 그런데 2위 자리에는 제니스Zenith, 컴팩Compaq, NEC, 탠디Tandy, 샤프Sharp라는 다섯 개 회사가 대거 몰려 있다. 이 회사들은 각각 8~10퍼센트의 엇비슷한 시장점유율을 갖고 있다. 두 마리의 말이 돌아야 할 반환점을 여섯 마리의 말이 뒤엉켜 도는 모습을 지켜보고 있자면 흥미진진하다. 과연 도시바와 경쟁할 말은 어떤 말일까? 누가 2위로 들어올 것인가?

노트북컴퓨터처럼 특히 승자와 패자가 쉽게 드러나는 영역에서 많은 재원이 낭비되고 있다는 사실은 경제적 관점에서 볼 때 특히 안타까운 일이 아닐 수 없다. 현재 노트북컴퓨터 시장에는 130개의 브랜드가 존재한다. '이원성의 법칙'은 이 중에서 아주 소수의 브랜드만이 살아남을 것임을 예측한다.

미국의 자동차 역사를 살펴보자. 1904년 당시 모두 60개 회사에서 195종의 각각 다른 자동차가 만들어지고 있었다. 이후 10년 사이에 531개 회사가 문을 열고, 346개 회사가 문을 닫았다. 1923년 무렵에는 108개 자동차 제조회사만 남아 있었다. 그 숫자는 1927년에 다시 44개로 내려갔다. 오늘날 미국의 국산 자동차 시장은 크라이슬러의 미래가 불투명한 가운데 포드, 제너럴 모터스가 장악하고 있다.

성공적인 마케터들은 제일 높은 곳의 두 디딤대에 집중한다. 제너럴일렉트릭GE의 전설적인 회장이자 CEO였던 잭 웰치Jack Welch는 이런 말을 했다.

"경쟁이 치열해지고 있는 전 세계 시장에서는 1, 2위 회사들만이 승리할 수 있었습니다. 그 외의 회사들은 제자리걸음을 면치 못하거나, 문을 닫거나, 매각되었습니다."

이런 사고방식이 P&G 같은 회사들을 최강의 기업으로 성장시킨 힘으로 작용했다. P&G는 미국 내 44개 제품 영역 중 32개 부문에서 1, 2위 자리에 올라 있다.

시장이 개발되는 초기에는 3, 4위 자리도 꽤 매력적으로 보인다. 판매율이 증가하고, 새롭고, 상대적으로 '순진한' 소비자들이 시장으로 들어온다. 이 단계의 소비자들은 어떤 브랜드가 리더 브랜드인지 알지 못하기 때문에 흥미롭거나 눈길이 가는 상품을 집어 든다. 이때 그 제품들이 바로 3위나 4위 브랜드일 수 있다.

그러나 시간이 지나면서 소비자들은 아는 게 많아진다. 그때부터 사람들은 리더 브랜드가 아무래도 더 나을 것이라는 단순한 가정 하에 리더 브랜드를 선호하게 된다.

다시 한 번 반복한다. 소비자들은 마케팅이 제품의 싸움이라 믿고 있다. 이런 사고방식이 사다리 꼭대기에 계속해서 두 개의 브랜드를 올려놓게 만든다.

"이 두 브랜드가 최고로 좋은 게 분명해. 그들은 리더니까."

# 반대의 법칙

당신이 2위 자리를 목표로 한다면,
당신의 전략은 리더 브랜드에 의해 결정된다

강점 속에 약점이 존재한다. 리더의 힘이 강한 곳에서는 차순위 후보가 전세를 뒤집을 수 있는 기회가 숨어 있다. 레슬링 선수가 상대방의 힘을 역이용하는 것처럼 마케팅에서도 리더의 힘을 약점으로 돌려놓을 수 있다.

　만약, 사다리의 두 번째 디딤대에 확고한 거점을 마련하고 싶다면 당신보다 앞서 있는 기업을 주도면밀하게 살펴보라. 그 회사의 강점은? 그 힘을 약점으로 바꿔놓을 방법은?

　그러기 위해서는 리더의 핵심을 포착해 소비자에게 그 반대의 것을 제시해야 한다.(다시 말해 더 '좋아지려'하지 말고 '달라지려' 노력하라는 것이다.) 이런 양상은 신생기업과 꾸준히 신용을 얻고 있는 회사 간의 싸움에서 주로 목격된다.

　코카콜라는 100년의 역사를 지닌 제품이다. 애틀랜타에 소재

한 코카콜라 본사의 비밀금고 속에 보관되어 있는 '코카콜라의 비밀제조법'을 알고 있는 사람은 이 지구상에 오로지 일곱 사람뿐이다. 그러나 코카콜라의 '오랜 역사'에 대응한 반대의 법칙을 이용한 펩시콜라는 힘의 구도를 뒤집어 새로운 세대, 즉 펩시세대Pepsi Generation를 열 수 있다.

어떤 제품 영역의 소비자들을 보면, 두 가지 유형이 있는 것 같다. 바로, 증명된 리더의 제품을 사고 싶어 하는 사람과 리더의 제품을 사고 싶어 하지 않는 사람들이다.

2위가 될 가능성이 있는 회사는 후자에 속하는 고객층을 겨냥해야 한다. 다시 말해, 자신을 리더와 대조적으로 포지셔닝함으로써, 1위 제품의 대안제품 시장을 차지할 수 있다는 말이다. 노인들이 코카콜라를 마시고 젊은이들이 펩시를 마신다면, 로열크라운 콜라를 마실 사람은 하나도 안 남는다.

그럼에도 불구하고 너무나도 많은 잠재적인 2위 브랜드들이 리더를 모방하려고만 한다. 대개의 경우 이는 실패로 끝난다. 당신은 자신을 '리더의 대안'으로 제시해야 한다.

〈타임Time〉은 생동감 있는 문체로 그 명성을 쌓았다. 이에 〈뉴스위크Newsweek〉는 사실과 의견을 분리하는 직설적인 문체에 초점을 맞추는 것으로 궤도수정을 했다.

그 일환으로 〈뉴스위크〉는 의견 기사를 뉴스란에 싣지 않고, 논평란을 따로 만들어 구분시켰다.

때로 당신은 냉혹해야 할 때가 있다. 스코프Scope는 '맛좋은' 구강청결제를 전면에 내세우며 경쟁자인 리스테린에 '약 냄새'라는 꼬리표를 달았다.

그렇다고 무조건 경쟁자를 비난해서는 안 된다. 반대의 법칙은 양날을 가진 칼이다. 반대의 법칙을 이용하려면 소비자가 그 즉시 인정해줄 만한 경쟁자의 약점을 공략해야 한다는 의미다.(리스테린 한 모금이면 당신의 입에서 병원 냄새가 느껴질 것입니다.) 그런 뒤, 그 칼을 재빨리 돌려줘야 한다.(스코프는 세균을 죽이는 맛 좋은 구강청결제입니다.)

구강청결제 시장에서도 역시, 리더를 모방하려는 시도가 얼마나 무의미한지 보여주는 사례가 있다. 1961년 존슨앤존슨 Johnson&Johnson은 '과학적' 장점에 초점을 맞추어 마이크린Micrin이라는 구강청결제를 소개했다. 마이크린은 출시된 지 두 달도 안 돼 2위 브랜드로 등극했다. 그러나 리스테린 역시 '세균을 죽인다'는 점에서는 마찬가지였다. 그래서 1965년 P&G가 새롭게 스코프를 출시했을 때, 스코프는 자연스럽게 반대 입장에 포진할 수 있었다. 결국 스코프는 세균을 퇴치하는 동시에 맛이 좋은 구강청결제로 자리 잡으며 2위 브랜드가 되었다. 1978년 존슨앤존슨이 시장에서 마이크린을 철수시켰을 때, 그 시장점유율은 1퍼센트까지 떨어져 있었다.

벡스Beck's 맥주는 미국에 수입될 때, 큰 문제를 떠안고 있었다. 최초의 수입 맥주 하이네켄도 될 수 없었고, 그렇다고 최초의 독일 수입 맥주 뢰벤브로이Lowenbrau도 될 수 없었다. 이에 벡스 맥주는 뢰벤브로이의 입지를 재정립하는 방식으로 그들이 안고 있는 문제를 해결했다.

"당신은 미국에서 가장 인기 있는 독일 맥주를 맛보셨습니다. 이제는 독일에서 가장 인기 있는 독일 맥주를 맛보실 차례입니다."

오늘날 벡스는 미국에서 두 번째로 많이 팔리는 유럽산 맥주다.(맥주에 관한 한, 미국인들은 자기 자신보다 독일인들의 입맛을 더 신뢰하는 듯하다.) 이는 리더십의 법칙을 뒤집고 사람들의 인식을 조정한 보기 드문 사례다.(그러나 뢰벤브로이는 미국에서 양조되고 있으므로, 이 사례는 현실성을 잃었다.)

출시된 지 오래된 제품일수록 부정적인 이미지를 얻게 마련이다. 특히 의약품 영역에서 이런 현상이 두드러진다. 1899년에 최초로 출시된 제품, 아스피린Aspirin을 생각해보자. 오랜 세월이 흐르는 동안 아스피린을 놓고 수없이 많은 의학적 연구가 이루어졌고, 그 제품의 결함이 발견되는 건 예정된 수순이었다. 결국 아스피린이 위장출혈을 유발할 수 있다는 사실이 밝혀졌다.

공교롭게도 1955년, 타이레놀이 출시된 시점의 일이었다. '위장출혈' 논란이 확산되는 가운데, 타이레놀은 빠르게 아스피린의 대안으로 전격 부상할 수 있었다.

"아스피린을 먹어서는 안 되는 수백만의 사람들을 위해."

타이레놀의 광고 메시지였다. 오늘날 타이레놀은 아스피린을 능가함은 물론, 미국 약국에서 단일 품목으로 가장 많이 팔리는 제품이 되었다.

스톨리치나야Stolichnaya는 스미노프Smirnoff, 사모바르Samovar, 그리고 울프슈미트Wolfschmidt 와 같은 보드카가 각각 하트포드코네티컷주, 셴리펜실베니아, 로렌스버그인디애나주에서 만들어진다는 것을 지적하는 것만으로 미국산産 보드카에 '가짜 러시아 보드카'라는 꼬리표를 달 수 있었다. 레닌그라드에서 생산되는 스톨리치나야만이 홀로 '진품' 이 되었다.

이때 부정적인 관념은 '진실'일 때만 효과를 발휘할 수 있다는 점을 명심해야 한다. 경쟁자에게 부정적인 꼬리표를 달아주었던 고 전적인 예 중 하나는 로열다울턴차이나Royal Doulton China가 미국의 주요 경쟁자들에 대적해 집행했던 광고다. 그 광고의 헤드라인이 모 든 것을 말해주고 있다.

"영국의 스토크온트렌트Stoke-on-Trent 현지 생산 도자기인 로열다 울턴 대對 뉴저지주 포모나pomona 생산 도자기인 레녹스Lenox."

그 광고는 많은 사람들이 레녹스를 수입 도자기로 오인하고 있 다는 사실을 교묘하게 역이용했다. 레녹스가 사실은 뉴저지주 포모 나에서 생산된다고 재인식시킴으로써 그 자신은 '진정한 영국산 도 자기'로 입지를 굳힐 수 있었다. 경위는 이러하다. 사람들은 뉴저지 포모나같은 촌스러운 이름을 가진 장소에서 순백색의 우아한 도자 기를 만드는 장인들의 모습을 상상할 수가 없었다.(그런데 영국에서 이 광고를 본 사람들은 배꼽을 잡고 웃었다. 스토크온트렌트도 본토 사람들에 게 촌스럽게 들리기는 마찬가지였기 때문이다.)

그러다 보니, 마케팅은 종종 정통성을 놓고 벌이는 싸움이 되기 도 한다. 특정 개념을 처음으로 선정한 브랜드는 경쟁자들을 '위법

모방꾼'으로 묘사할 수 있다.

만약 1위와 별 차이 없는 2위라면 그 공격에 위축되어서는 안 된다. 1위 자리에 맞추고 있던 초점을 놓으면, 리더뿐 아니라 나머지 회사들로부터도 공격을 받게 된다.

최근 몇 년 동안 버거킹이 겪었던 안타까운 사례를 생각해 보자. 햄버거 시장의 2위 자리에 있던 이 브랜드로서는 어려운 시기였다. 경영진의 빈번한 이적, 사주의 잦은 교체, 그리고 광고대행사들을 연이어 갈아 치워야 했다. 무엇이 잘못되었는지 그 원인을 알기 위해 역사를 되짚어보는 데 그리 많은 시간이 걸리지는 않는다.

버거킹은 공격을 가하는 입장이었을 때 가장 큰 성공을 거두었다. 공격은 맥도날드의 대량제조방식을 비꼰 "당신의 방식대로 즐기세요 Have it your way"라는 광고로 시작되었다. 그리고 뒤이어 "우리는 튀기지 않고 굽습니다 Broiling, not frying", "와퍼 Whopper, 버거킹의 대형 사이즈 햄버거는 빅맥 Big Mac, 맥도날드의 대형 사이즈 햄버거을 이깁니다" 등으로 맥도날드에 연타를 날렸다. 이런 마케팅 프로그램으로 버거킹은 맥도날드의 대안적 입지를 굳히면서 2위에 올랐다.

그런데 언제부턴가 무슨 이유에서인지, 버거킹은 '반대의 법칙'을 무시하기 시작했다. 한 발 물러나 맥도날드에 대한 공격을 멈춘 것이다. 그러더니 버거킹은 세상에 대고 "얼간이 허브를 찾아라 Herb the Nerd", "빠른 시대에 최고의 음식", "우리는 당신이 원하는 대로 합니다 We do it the way you do it", "당신은 그 규칙을 깨야 해요 You've got to break the rules, 당시 2주일에 한 번꼴로 패스트푸드를 찾는 미국인의 성향을 두고 표현한 말"라고 떠들어댔다. 심지어는 맥도날드의 힘의 원천인 어린아이들을 끌어오기 위한 마케팅 프로그램을 시작했다.

이는 강한 2위 자리를 유지할 수 있는 방법이 못 된다. 단위 품목당 판매율이 한번 떨어지기 시작하더니, 버거킹은 공격을 가하는 입장이었을 때의 수준으로 결코 돌아오지 못했다.

결론적으로 버거킹은 자신을 경쟁자의 반대편에 포진시키지 않는 실수를 범했다. 그리고 그들의 자리를 잃었다.

# 분할의 법칙

시간이 지나면서 영역은 나뉘어
둘 또는 그 이상이 된다

세균배양접시 안에서 세포분열을 하는 아메바처럼 마케팅 전투장은 영역들이 계속해서 확장을 거듭하는 거대한 바다에 비견될 수 있다.

　하나의 영역은 하나의 제품으로 시작된다. 컴퓨터만 해도 그렇다. 그리고 시간이 지나면서 하나이던 영역이 갈라져 메인프레임, 미니컴퓨터, 워크스테이션, 퍼스널컴퓨터, 노트북컴퓨터, 펜컴퓨터 등으로 세분화를 이룬다.

　컴퓨터와 마찬가지로 자동차도 하나의 영역으로 시작되었다. 세 개의 브랜드시보레, 포드, 플리머스가 시장을 장악하고 있었다. 그러더니 그 영역이 분할되었다. 오늘날 자동차 영역은 가격대에 의해 고가, 중가, 저가의 자동차로 나뉘어 있다. 또한 배기량에 따라 대형, 중형, 소형으로 나뉘고, 용도에 따라 스포츠카, 4륜구동, 레크레이션

차량, 미니밴 등으로 나뉘어 있다.

텔레비전 산업에서는 한때 ABC, CBS, NBC가 시청자의 90퍼센트를 점유하고 있었다. 그러던 것이 이제는 네트워크 TV, 독립채널, 케이블, 유료방송, 공영방송 등 다양한 선택지가 생겼고, 인스토어 텔레비전instore television, 소매점이나 상업 시설 내에 설치된 텔레비전 모니터를 통해 방송되는 광고나 정보 콘텐츠를 의미과 쌍방향 텔레비전interactive television, iTV도 등장할 예정이다.

맥주도 같은 식이다. 처음에는 수입 맥주와 국내산 맥주로 나뉘었다. 그리고 프리미엄 맥주와 대중 맥주로 나뉘었다. 또한 라이트 맥주, 드래프트 맥주, 드라이 맥주 심지어는 무알콜 맥주까지 등장했다.

분할의 법칙은 국가에게도 적용된다.(유고슬라비아의 혼란이 그 예다.) 1776년, 지구상에는 35개의 국가가 있었다. 그러다 제2차 세계대전이 발발할 즈음 그 숫자는 두 배로 늘어나 있었고, 1970년 무렵에는 130개 이상의 국가가 생겨났다. 지금은 190개의 나라가 주권국가로 인정받고 있다.

음악산업 분야를 살펴보자. 초기에는 클래식과 대중음악이 고작이었다. 대중음악 부문의 상위권에 오른 노래들을 들으려면, 그 주에 가장 인기 높은 10곡의 노래를 소개하는 '금주의 히트곡 퍼레이드'를 시청하면 되었다. 라디오 역시 같은 방식으로 '히트곡 40' 같은 프로그램 형태를 도입했다. 그런데 지금은 음악 부문이 하나만 있는 게 아니어서 '히트곡 40'도 여러 부문으로 나뉘었다.

음악산업의 바이블이라 할 수 있는 빌보드Billboard는 클래식, 현대 재즈, 컨트리, 크로스오버, 댄스, 라틴, 재즈, 팝, 랩, 리듬앤블루스, 록이라는 11개 장르의 인기 순위를 발표한다. 그리고 각 장르마다 하나씩 '리더'들이 포진해 있다. 최근의 리더라 하면 이작 펄먼Itzhak Perlman, 포플레이Four-play, 가스 브룩스Garth Brooks, 루치아노 파바로티Luciano Pavarotti, 마이클 잭슨Michael Jackson, 루이스 미겔Luis Miguel, 데이브 그루신Dave Grusin, 엔야Enya, 퍼블릭 에너미Public Enemy, 바네사 윌리엄즈Vanessa Williams, 브루스 스프링스틴Bruce Springsteen이다.

영역 내의 각 부문은 독립적이고 고유한 객체다. 모든 부문이 그 나름의 존재 이유를 가지고 있다. 각 부문은 또 개별적인 리더를 갖고 있는데, 그 리더는 원래 영역의 리더와 같은 경우가 거의 없다. IBM은 메인프레임, DEC는 미니컴퓨터, 썬Sun은 워크스테이션의 리더인 식이다.

그러나 이런 '분할'의 개념을 파악하지 못하고, 영역은 통괄적이라는 안일한 신념을 갖고 있는 경영자들이 너무나도 많다. '시너지Synergy'와 그와 밀접한 개념인 '기업제휴corporate alliance'는 미국 기업 회의실의 유행어가 되어버린 실정이다. 〈뉴욕타임스〉에 따르면 IBM은 텔레비전, 음악, 출판, 컴퓨터를 포함한 다양한 산업의 융합을 활용할 준비 태세를 갖추고 있다고 한다.

구체적인 기사 내용은 이러하다.

"유선방송, 전화 네트워크가 컴퓨터, 텔레비전 제조업체와 결합

양상을 보이리라는 전망 속에서 IBM은 초고속 네트워크를 구축해 온 그 탁월한 기술력을 바탕으로 절대 강자로 군림할 전망이다.”

하지만 그런 일은 일어나지 않을 것이다. 영역은 통합되지 않고 분할된다.*

많이 언급되는 ‘금융서비스’ 분야도 한번 살펴보자. 언론에 따르면, 미래에 우리 곁에서 은행, 보험회사, 주식중개인 또는 대부업자가 사라진다고 한다. 대신 이 모든 것이 결합된 금융서비스회사가 존재하게 될 것이라 하지만, 아직 그런 일은 일어나지 않고 있다.**

푸르덴셜Prudential, 아메리칸익스프레스American Express 등 몇몇 회사들이 이 금융서비스회사의 덫에 걸려들었다. 고객들은 금융서비스를 사지 않는다. 그들은 주식이나 생명보험, 은행 계좌를 산다. 그리고 그들은 각각의 서비스를 다른 회사에서 사는 것을 더 선호한다.

리더가 기존의 지배력을 유지할 수 있는 방법은 각각의 신규 영역에 저마다 다른 브랜드를 붙이는 것이다. 제너럴 모터스가 사업 초기에 시보레, 폰티악, 올즈모빌, 뷰익, 캐딜락으로 그런 방법을 취한 적이 있었다.

---

\* 최근 이종산업 간 결합으로 새로운 영역이 탄생되는 컨버전스와 저자의 의도가 다소 혼동스러울 수 있다. 이 책에서 말하고자 하는 저자의 의도는 제품 및 서비스 시장이 보다 구체적인 니즈를 목표로 세분화된다는 의도로 보는 것이 타당할 듯하다.

\*\* 그러나 은행에서 보험제품을 취급하고 증권회사에서 예금상품과 유사한 금융상품을 만들어내는 등 영역 간 서비스의 교차가 진행되고 있는 현실이다.

많은 회사들이 한 영역에서 잘 알려진 브랜드 이름을 그대로 가져다 다른 영역에서 똑같이 사용하려고 할 때 실수를 저지른다. 미국에 소형차 영역을 처음 도입한 폭스바겐의 비운에서 그 대표적인 예를 찾아볼 수 있다. 폭스바겐이 선보인 비틀Beetle은 미국 수입 자동차 시장의 67퍼센트를 차지하면서 대대적인 성공을 거두었다.

그 성공에 힘입은 폭스바겐은 자신도 제너럴 모터스처럼 될 수 있으며, 더 크고, 더 빠르고, 더 스포티한 자동차를 팔 수 있으리라 생각하기 시작했다. 그래서 종류를 불문하고 독일에서 제작되는 자동차 모델들을 죄다 미국으로 실어 날랐다. 그 과정에서 제너럴 모터스와는 다르게 그 모든 모델에 '폭스바겐'이라는 같은 브랜드명을 그대로 붙여 사용했다.

이 광고의 슬로건은 "다른 폭스folks들을 위한 다른 폭스Volks."***로, 412 세단부터 대셔Dasher, 씽Thing, 심지어는 스테이션웨건에 이르기까지 다양한 모델을 제공한다고 홍보했다. 당연한 일이었지만 계속해서 꾸준히 팔려나간 차종은 오로지 조그만 '비틀'뿐이었다.

그러자 폭스바겐은 사태를 바로잡을 방안을 찾았다. 미국에서 비틀의 판매를 전격 중단하고, 크고 빠르고 비싼 폭스바겐의 새로운 '형제' 차들을 팔기 시작한 것이다. 그 과정에서 배너곤Vanagon, 시로코Sirocco, 제타Jetta, 골프GLGolf GL, 카브리올레Cabriolet가 선을 보

---

*** folks는 친근한 의미의 '사람들'이라는 영어이며, 정식 브랜드명인 Volkswagen은 '사람들의 차'라는 의미의 독일어다.

였다. 폭스바겐은 이 근사한 새 자동차들을 만들기 위해 펜실베니아에 공장까지 새로 세웠다.

그런데 이런 폭스바겐의 노력에도 불구하고, 소형차 영역은 계속해서 확장되어가기만 했다. 이와 더불어 튼튼하고 경제적인 폭스바겐을 더 이상 살 수 없게 된 사람들은 도요타, 혼다, 닛산으로 눈을 돌리기 시작했다.

폭스바겐이 차지했던 67퍼센트의 시장 점유율은 4퍼센트로 줄어들고 말았다.****

폭스바겐은 사브Saab나 알파로미오Alfa Romeo 같은 유럽의 마이너 브랜드가 아니다. 폭스바겐은 유럽에서 가장 많이 팔리는 '메이저' 자동차 브랜드다. 폭스바겐이 미국에서 판매하는 자동차는 유럽에서 판매하는 자동차와 똑같다. 오직, 그 차를 사는 사람들의 마음이 다를 뿐이다. 미국에서 폭스바겐은 '작고 우스꽝스럽게 생긴' 차다. 그런 미국인들이 크고 멋진 폭스바겐을 사고 싶어할 리가 없다.

폭스바겐의 경쟁자 중 하나인 혼다는 자동차의 '고급' 시장에 뛰어들기로 결심했다. 그리고 그 시장에 뛰어들 때 '혼다Honda'라는 기존의 브랜드명 대신 '아큐라Acura'라는 이름을 새롭게 선보였다. 물론 이는 혼다와의 혼동을 피하기 위함이었으며, 독립적인 아큐라 판매장을 세우는 데 별도의 적지 않은 비용과 노력이 들었다.

---

**** 폭스바겐의 미국 시장 점유율은 2024년 현재 4퍼센트대에 머물러 있다.

아큐라는 미국에서 1위 일본산 고급승용차가 되었고, 오늘날 혼다는 폭스바겐이 '형제' 차들을 파는 숫자보다 훨씬 더 많은 아큐라를 팔고 있다. 혼다는 현재 두 영역에서 리더 브랜드를 소유하고 있다.

리더들이 새 영역에 다른 브랜드명으로 출시하는 것을 꺼리는 이유는 기존 브랜드에 어떤 영향을 미칠지 모른다는 두려움 때문이다. 제너럴 모터스 역시 메르세데스벤츠와 BMW가 만든 최고급 자동차 영역에 대응하는 데 시간이 걸렸다. 캐딜락보다 상위 브랜드를 만들면 기존 캐딜락 딜러들이 반발할 것을 우려했기 때문이다.

결국 제너럴 모터스는 5만 4천 달러짜리 알란테Allante를 선보이면서 캐딜락을 최고급 자동차 시장으로 승격시키려 했다. 이 시도는 재난으로 끝났다. 동네 사람들이 분명 3만 달러 정도 주고 샀을 거라고 생각할 캐딜락에 그보다 훨씬 많은 돈을 투자할 사람이 누가 있겠는가? 품격 따위가 느껴질 리가 없다.

제너럴 모터스로서는 메르세데스 시장에 새로운 브랜드를 소개하는 게 더 나은 전략이었을지 모른다.(기존에 있던 고품격의 라살LaSalle을 부활시킬 수도 있었다.)

시기timing 역시 중요하다. 새로운 영역의 기회를 이용하는 데 너무 이른 것도 문제가 될 수 있다. 1950년 당시, 내쉬램블러Nash Rambler는 미국 최초의 소형차였다. 그러나 당시 아메리칸모터스는 이 영역이 성숙할 때까지 기다리며 버틸 배짱도 돈도 없었다.

늦는 것보다는 이른 편이 낫다. 그러나 여건이 만들어질 때까지 일정 시간을 들여 기다릴 각오가 되어 있지 않으면, 잠재고객의 마음속에 가장 먼저 들어갈 수 없다.

# 조망의 법칙

마케팅 효과는 시간이 쌓이면서 서서히 드러난다

알코올은 흥분제인가, 안정제인가? 금요일 저녁, 퇴근 후 술집에 들렀다면 당신은 분명 알코올을 흥분제라고 믿게 될 것이다. 그 시끌벅적한 소음과 웃음소리는 알코올의 흥분효과를 명백하게 보증한다. 그러나 늦게까지 술을 마시고 새벽 네 시에 길거리에서 곯아떨어져 있는 취객들을 보면 알코올이 안정제라는 확신을 갖게 될 것이다.

화학적으로 보자면, 알코올은 강력한 안정제다. 그러나 단기적으로는 인간의 자제심을 약화시켜 흥분제와 같은 효과를 낳는다.

마케팅 과정도 이와 같은 현상을 보일 때가 많다. 장기적 효과가 단기적 효과와 정반대로 나타나는 경우가 자주 있다.

할인행사는 회사 매출을 증대시키는가, 감소시키는가? 확실히 단기적으로 볼 때, 할인판매는 수익을 신장시킨다. 그러나 장기적으로 볼 때, 할인판매는 '정상가격'으로 상품을 사지 말라고 고객들을 가르치는 격이 되어 수익 규모를 위축시킨다는 증거들이 속속 나오고 있다.

더 저렴한 가격으로 물건을 살 수 있다는 사실 외에 할인판매는 소비자에게 무슨 말을 하고 있을까? 정상가격이 너무 높게 책정되어 있다는 말도 같이 하고 있다. 할인행사가 끝나면 고객들은 할인을 자주 하기로 평판이 나 있는 가게를 피하는 경향을 보인다.

수익 규모를 지키기 위해 소매 할인업체들은 줄기차게 할인을 감행하지 않으면 안 된다. 소매업체가 밀집한 지역을 걸어 내려가다 보면 가게들마다 창문에 '세일Sale'이라는 안내문을 줄줄이 붙여놓은 것을 쉽게 볼 수 있다.

자동차의 리베이트rebate, 구매 후 상품대금 중 일부를 되돌려주는 판촉수단 프로그램은 판매량을 증가시켰을까? 자동차업계의 리베이트 증가 추세와 자동차 시장의 판매량 감소는 우연찮게 맞물려있다. 미국의 자동차 판매량은 5년 연속 감소 추세다.

뉴욕시티 일대에서 가장 큰 가구회사인 시먼스Seamans는 매주 할인을 시행해왔다. 시먼스는 최근 파산신고를 했다.

쿠폰 발급이 장기적으로 매출을 증가시킨다는 증거는 없다. 그럼에도 불구하고 많은 회사들이 매출을 일정 수준으로 유지하기 위해 분기마다 쿠폰 발행에 필요성을 느낀다. 쿠폰 발행을 중단하는 즉시 매출 감소를 겪기 때문이다.

다시 말해 쿠폰을 발행하는 이유는 매출을 증가시키기 위해서

가 아니라, 쿠폰 발행을 중단했을 때 매출이 하락하는 것을 막기 위해 쿠폰을 발행하고 있는 셈이다. 쿠폰은 마약과도 같다. 금단증상이 너무 고통스러워 도무지 놓을 수가 없다.

쿠폰이나 할인, 세일이라는 이름의 어떤 형태든 이러한 마케팅 방식은 소비자들에게 저렴하게 살 수 있을 때만 물건을 사라고 가르치는 격이다. 그렇다면 처음부터 쿠폰을 발행하지 않은 회사의 사정은 어떨까? "매일 저렴한 가격everyday low prices"을 기치로 내걸고 있는 월마트Wall-Mart와 케이마트Kmart, 그리고 빠른 성장세를 보이고 있는 또 다른 창고형 할인점들이 소매 시장의 승자로 군림하고 있다.

다른 곳들은 대부분 올렸다 내렸다 일관성 없는 가격정책yo-yo pricing을 구사하고 있다. 항공회사와 슈퍼마켓이 대표적인 예다. 그러나 최근 P&G가 과감하게 단일가격 책정을 들고 나오면서 '단일가격uniform pricing'이라는 추세의 물꼬를 텄다.

일상생활에서도 '단기적으로는 이익, 장기적으로는 손실'인 예가 많이 있다. 범죄가 그 대표적인 예다. 만약 은행에서 10만 달러를 훔쳐 10년 동안 감옥에서 살아야 한다고 할 때, 당신은 하루 일당으로 10만 달러를 번 것일 수도 있고, 10년 동안 매년 1만 달러씩을 번 셈이 될 수도 있다. 그 선택은 당신의 가치관에 달려 있다.

인플레이션은 단기적으로 경제에 활력을 줄 수 있지만, 장기적으로는 경기 침체를 초래한다. 또한 과식은 단기적으로는 정신적인 충족감을 주지만, 장기적으로는 비만과 우울증을 유발한다.

그 밖에도 일상생활의 또 다른 많은 영역<sup>금전 소비, 약물 복용, 성생활</sup> 등에서 우리가 하는 행동의 장기적 효과는 단기적 효과와 정반대인 경우가 많다. 그렇다면 마케팅의 효과가 오랜 기간에 걸쳐 나타난다는 사실을 이해하기가 왜 그렇게 어려운가?

라인 확장의 경우를 예로 들어보자. 단기적으로 볼 때, 라인 확장은 판매량의 증대를 보여주고 있다. 1970년대 초, 밀러하이라이프<sup>Miller Hign Life</sup>는 매년 27퍼센트의 판매량 증가를 보이며 승승장구했다. 밀러의 성공은 '밀러 타임<sup>Miller Time</sup>'이라는 블루칼라 광고 캠페인 덕분이었는데, 이는 하루 일을 끝낸 후 자신에게 보상의 의미로 밀러 맥주를 마신다는 메시지를 담았다. 이에 욕심이 발동한 밀러는 1974년, 밀러라이트<sup>Miller Lite</sup>를 시장에 내놓았다.

단기적으로, 노동자의 맥주<sup>하이라이프</sup>와 여피족 맥주<sup>라이트</sup>라는 두 밀러는 사이좋게 공존할 수 있었다. 그러나 장기적으로 볼 때, 라인 확장은 모<sup>母</sup>브랜드 혹은 다른 쪽 브랜드에 해를 입힐 수밖에 없다.

밀러하이라이프의 절정기는 밀러라이트가 출시되고 5년이 지난 1979년이었다. 그 5년 동안 밀러하이라이프의 연간 판매량은 860만 배럴에서 2천360만 배럴로 거의 세 배 가까이 뛰어올랐다. 그러나 이는 라인 확장의 단기적 효과였다.

장기적 효과는 끔찍했다. 1979년에 2천360만 배럴을 자랑했던 밀러하이라이프는 1991년에 580만 배럴로 13년 연속 하락했다. 이런 감소 추세는 계속될 수밖에 없다.

밀러라이트 역시 라인 확장의 영향에서 자유롭지 못했다. 1986

년, 밀러는 '밀러제뉴인드래프트<sup>Miller Genuine Draft, 밀러의 진정한 생맥주라는 의</sup>
<sup>미</sup>'를 출시했다. 이 브랜드는 새로운 영역에 첫 선을 보인 맥주라 큰
인기를 끌었다. 그런데 안타깝게도 이 브랜드 역시 '밀러'라는 이름
을 그대로 담고 있었다. 역사는 반복된다. 밀러라이트는 5년 뒤, 판
매량에서 최고 절정기를 맞았지만 그 이후로 감소하기 시작했다. 일
단 하락이 시작되면 이를 멈추는 것은 거의 불가능하다.

라인 확장의 영향을 알아차리기란 쉽지 않다. 특히 다음 분기
수익보고서에만 온 신경을 집중한 관리자들에게는 더욱 그렇다.(총
알이 목표물에 도달하는 데 5년이 걸린다면, 살인죄로 유죄 판결을 받는 범죄
자는 거의 없을 것이다.)

밀러에 일어난 일이 미켈롭<sup>Michelob</sup>에게도 똑같이 일어났다. 미
켈롭라이트<sup>Michelob Lite</sup>가 출시된 지 3년 후, 레귤러미켈롭<sup>Regular</sup>
<sup>Michelob</sup>의 판매량은 최고치를 기록했지만, 이후 11년 연속 감소일
로를 걸었다. 오늘날 미켈롭의 네 가지 맛<sup>레귤러, 라이트, 드라이, 클래식다크</sup>을
다 합친 전체 판매량은 1978년 미켈롭라이트가 출시되어 단독으
로 달성했던 판매량보다 25퍼센트나 적다.

쿠어스<sup>Coors</sup>에도 똑같은 일이 일어났다. 쿠어스라이트<sup>Coors Lite</sup>의
출시는 쿠어스레귤러<sup>Coors Regular</sup>의 붕괴를 가져왔고, 쿠어스의 판
매량은 이전의 4분의 1로 줄어들었다.

심지어는 '제왕'이라고 불리던 버드와이저도 하락세를 겪고 있
다. 금주법 폐지 이후 매년 매출이 증가해 오던 버드와이저는 최근
3년 연속 판매량이 감소일로로 돌아섰다. 그 이유는? 바로 버드라

이트 때문이다.

혹시 당신은 라이트 맥주 시장이 득세하고 있는 만큼, 밀러, 쿠 어스, 앤호이저부시가 라인 확장을 시도하는 게 옳다고 생각할지도 모른다. 신문에서 본 내용을 그대로 믿는다면 모든 사람들이 라이트 맥주를 마신다고 생각할 테니 말이다. 실상은 그렇지가 않다. 밀러라이트가 첫 선을 보인지 18년이 지난 오늘날, 라이트 맥주는 전체 맥주 시장의 31퍼센트*를 차지하고 있을 뿐이다.

라인 확장의 장단기 효과가 훨씬 더 빨리 드러나고 있는 분야도 있다. 1985년, 머자니Murjani가 처음으로 코카콜라 의류를 세상에 내놓았다. 2년 뒤 그 도매 기준 판매량은 2억 5천만 달러에 이르렀다. 그러나 이듬해 머자니에 수백만 달러에 달하는 재고만 떠안긴 채, 그 제품 라인은 하룻밤 새 맥이 끊기고 말았다.

코카콜라 의류에 일어난 일은 도널드 트럼프Donald Trump에게도 일어났다. 처음에는 그도 성공가도를 달렸다. 이에 확장을 도모했고, 은행에서 빌린 돈을 투자한 모든 것에 자기 이름을 갖다 붙였다. '트럼프'는 무엇의 상징인가? 하나의 호텔, 세 개의 카지노, 두 개의 콘도미니엄, 하나의 항공사 그리고 하나의 쇼핑센터를 아우른다.

〈포춘Fortune〉은 트럼프를 가리켜 "현금 흐름과 자산가치를 꿰뚫어 보는 혜안이 대단한 투자가, 현명한 마케터, 노련한 수완가"라고

---

* 2020년 기준으로, 미국 맥주 시장에서 라이트 맥주가 차지하는 비율은 39.8퍼센트다. 미국 소비자들의 저칼로리와 가벼운 맛을 선호하는 경향이 반영된 결과다.

추켜세웠고, 〈타임〉과 〈뉴스위크〉는 그를 표지에 실었다. 그런 트럼프가 지금, 14억 달러에 달하는 부채를 지고 있다. 단기적으로 그를 성공하게 만들었던 원인이 장기적으로는 그를 실패하게 만들었다. 그 원인은 다름 아닌, 라인 확장이었다.**

겉보기에는 쉬워 보이지만, 마케팅은 아마추어를 위한 게임이 아니다.

---

** 다방면으로 뻗어나간 트럼프 제국은 1980년대 말 부동산경기 하락과 함께 엄청난 부채에 시달리기도 했지만, 이후 재기에 성공해 더욱 더 사업을 확장하고 부를 늘려가며 제2의 전성기를 구가하고 있다. 2016년 미국 대통령 선거에서 승리해 대통령으로 재임한 후, 2024년 대선 출마를 선언, 공화당내에 강력한 지지 기반을 가지고 있다.

# 라인 확장의 법칙

회사 내부에는 브랜드의 자산을 확장시키려는
거역하기 힘든 압력이 존재한다

우리가 제시하는 법칙 중 어느 하나라도 어기는 것이 위법행위로 간주된다면, 미국 기업의 상당수는 감옥에 가야 할 것이다.

　지금까지 이 책에서 언급된 법칙 중 가장 많은 '위법' 사례를 낳고 있는 것이 바로 '라인 확장의 법칙'이다. 특히 그 죄질이 나쁜 이유는, 라인 확장이 기업의 의식적인 노력 없이 습관적으로 자행되고 있다는 사실에 있다. 자기는 그럴 의지가 없었는데 어느 순간 옷장이나 책상 서랍이 가득 차 있더라는 식이다.

　일반적으로 기업들은 처음에는 수익성이 아주 높은 하나의 제품에 단단히 초점을 맞춘다. 그러다 다음 순간, 그 단단하던 집중력이 여러 제품으로 분산되고 회사는 손해를 입는다.

　IBM의 경우를 보자. 메인프레임 컴퓨터에 초점을 맞추고 있던 몇 년 전만 해도 이 회사는 엄청난 수익을 올릴 수 있었다. 그러나 현재 IBM은 손을 안 대는 곳이 없지만, 손익분기점을 맞추기도 버거운 상태다.

예를 들어 1991년에 IBM의 총매출은 650억 달러였다. 그럼에도 불구하고 회사는 28억 달러의 적자를 기록했다. 다시 말해 매일 800만 달러의 손해를 입고 있었던 셈이다.*

메인프레임 컴퓨터만으로 만족하지 못한 IBM은 닥치는대로 퍼스널컴퓨터, 펜컴퓨터, 워크스테이션, 중형컴퓨터, 소프트웨어, 네트워크, 전화기 등을 시장에 내놓았다. 심지어 PC주니어<sup>PC Jr.</sup>라는 브랜드로 가정용 컴퓨터 시장에까지 뛰어들었다.

그 과정에서 IBM은 복사기<sup>코닥에 매각</sup>, 롬지멘스에 매각, 위성비즈니스 시스템<sup>중단</sup>, 프로디지 네트워크<sup>위태로운 상황</sup>, SAA, 탑뷰<sup>TopView</sup>, 오피스비전<sup>OfficeVision</sup>, OS/2 등으로 엄청난 돈을 잃었다.

이처럼 기업은 가장 큰 성공을 거두고 있을 때야말로 미래에 문제를 야기할 수 있는 악의 씨앗을 같이 뿌리기 쉽다.

소프트웨어 시장에서 가장 성공적인 회사인 마이크로소프트의 경우를 보자. 회사 규모는 제너럴 모터스의 50분의 1밖에 되지 않지만, 마이크로소프트의 주식은 제너럴 모터스의 주식보다 가치가

---

\* 그러나 이후 IBM은 사업의 중심을 하드웨어 판매 분야에서 솔루션 서비스 분야로 전향하면서 재기에 성공한다. 이 장에서 묘사되고 있는 IBM의 라인 확장은 당시에는 경영 위기를 가져 온 원인이 될 수 있었지만, 현재는 하이브리드클라우드와 AI 기술에 집중하면서 기술 업계에서 중요한 위치를 유지하고 있다.

크다.** 그런 마이크로소프트가 지금 내걸고 있는 전략은? 한마디로, '더 많이'다.

"마이크로소프트는 퍼스널컴퓨터 시장의 주요 소프트웨어 응용 부문, 그 전 범위에 걸쳐 압도적인 시장점유율을 차지할 기회를 적극적으로 모색하고 있다."

최근 〈월스트리트저널Wall Street Journal〉에 실린 기사의 일부다. 뒤에는 이런 내용이 이어지고 있다.

"마이크로소프트의 소프트웨어 응용사업부 부사장인 마이클 메이플스Michael Maples는 모든 주요 응용 분야에서 70퍼센트의 시장점유율을 달성할 수 있을 것으로 내다보고 있다."

혹시 누군가의 말과 흡사하게 들리지 않는가? 그렇다 IBM이다. 마이크로소프트는 현재 IBM의 뒤를 이을 준비가 되어 있다. 그 이름이 들어가 있는 모든 것에 부정적인 기운이 만연하다.

마이크로소프트는 이미 퍼스널컴퓨터 운용시스템 리더의 자리에 있음에도 불구하고, 다른 주요 영역 리더들의 뒤꽁무니를 쫓아가려 하고 있다. 최근에는 데이터베이스 소프트웨어 분야에 동참하고자 1억 7천만 달러를 들여 폭스소프트웨어Fox Software를 사들이

---

** 2024년 현재, 마이크로소프트와 제너럴 모터스의 회사 규모를 비교하면 마이크로소프트 시가총액이 3조 235억 달러, 제너럴 모터스가 549억 달러로 59배의 차이가 있다. 마이크로소프트는 하이테크 산업의 리더 기업으로, 전 세계 소프트웨어와 AI, 클라우드 컴퓨팅 시장을 주도하고 있으며, 제너럴 모터스는 전통적인 내연기관 차량부터 전기차에 이르기까지 다양한 차량을 생산하고 있다.

기로 했다.

이런 마이크로소프트의 전략에는 '안일함'이라는 상서롭지 못한 기운이 느껴진다. 1992년 초 〈이코노미스트<sup>Economist</sup>〉의 기사를 보자.

"빌 게이츠 사장은 핵심 부문을 중심으로 테크놀로지의 모든 제품 영역을 통합하려 하고 있다. 이로 인해 대형컴퓨터에서 소형컴퓨터, 그리고 정보처리기관의 운용시스템에서 경영진을 위해 모든 정보를 도식화하려는 그래픽 프로그램까지, 사실상 소프트웨어 전 부문과 경쟁이 빚어질 전망이다. 이제껏 소프트웨어 산업에서는 그 누구도 이런 복잡다단한 사업을 감당해낸 예가 없었다. IBM이 시도했다가 실패한 예가 있을 뿐이다."***

모든 사람을 만족시키려 하면 결국 문제가 생기기 마련이다.

"모든 분야에서 약하기 보다 어느 한 분야에서 강해지는 쪽을 택하겠다." 어느 경영자가 한 말이다.

좁은 의미에서 라인 확장이란 성공적인 제품의 브랜드명<sup>예를 들어,</sup> <sup>A1 스테이크소스</sup>을 가져다 새로 소개할 신제품<sup>A1 닭고기소스</sup>에 그대로 사용하는 것을 말한다. 듣기에는 아주 논리적이다.

---

*** 그러나 실제로 마이크로소프트는 소프트웨어들이 더 잘 작동할 수 있는 운영 시스템을 독점하고 있었고, 앞에 언급된 리더들보다 자사의 제품을 더 효율적으로 만들 수 있었다. 결국 이런 독점적 시장지위 덕분에 기존의 1위 기업들을 앞지를 수 있었다. 이런 결과를 놓고 볼 때, 단순히 판매를 늘리기 위해 더 많은 제품을 늘리고 사업의 초점을 흐리는 라인 확장이라고 폄하하기에는 마이크로소프트라는 기업이 가진 무기가 잘 활용된 전략이라고 평가하는 것이 옳다고 보여진다.

"우리는 스테이크 부문에서 압도적인 시장점유율을 차지하고 있는 훌륭한 A1 소스를 만들고 있다. 그러나 현대인들의 입맛이 점차 쇠고기에서 닭고기로 옮겨가고 있으니 우리는 이제 닭고기 관련 제품을 출시할 때가 되었다. A1을 그대로 사용하는 것보다 더 나은 이름은 없다. 그래야 사람들이 그 닭고기소스가 A1이라는 훌륭한 스테이크소스 제조업체가 만든 것임을 알 수 있을 것이다."

그러나 마케팅은 제품이 아니라 인식의 싸움이다. 'A1'은 브랜드명이 아니라 스테이크소스 그 자체다.

식사를 하다가 "A1 좀 건네주겠어요?" 하고 묻는데 "어떤 A1 말인가요?"라고 되묻는 사람은 아무도 없다. 광고 예산만 1천800만 달러를 들였는데도 불구하고, A1 닭고기소스의 출시는 참담한 실패로 끝나고 말았다.

라인을 확장할 수 있는 방법은 우주에 있는 은하계 수만큼이나 많다. 그런데도 매일 새로운 방법이 또 만들어진다. 장기적으로, 또 경쟁 양상이 치열한 상황이라면 라인 확장이 효과를 거둘 가능성은 희박하다.

시장점유율을 거머쥐려고 시도할 때 흔히 쓰는 기법으로 '맛의 창출'이 있다. 맛이 다양할수록 시장점유율은 증가한다고 생각한다. 듣기에는 그럴듯하나 이 역시 실효는 없다.

세븐업이 단순한 레몬라임음료로서 말 그대로 '언콜라'였던 1978년 당시, 이 회사는 청량음료 시장에서 5.7퍼센트의 시장점유율을 갖고 있었다. 그 뒤 회사는 세븐업골드, 체리세븐업을 비롯해 다양한 맛의 다이어트 음료들을 추가로 내놓았다. 현재 세븐업의 시장점유율은 2.5퍼센트로 떨어졌다.

어디를 둘러봐도 라인 확장의 예는 아주 쉽게 찾을 수 있다. 바로 이 때문에 소매점들은 브랜드에 숨이 막힐 지경이다.(샴푸 종류만도 1천300개, 시리얼은 200개, 청량음료는 250개나 된다.)

분명한 사실은 어떤 영역이건 리더 브랜드는 라인 확장을 시도하지 않은 브랜드다.

유아용 식품을 예로 들어보자. 거버Gerber는 시장점유율 72퍼센트로, 라인 확장을 도모한 비치넛과 하인즈라는 두 브랜드를 압도적으로 앞서고 있다.

라인 확장이 효과가 없다는 여러 증거에도 불구하고 회사들은 줄기차게 확장제품들을 토해내고 있다. 그 몇 가지 사례들이 여기 있다.

- 아이보리 비누. 그럼, 아이보리 샴푸는?
- 라이프세이버Life Savers 캔디. 그럼, 라이프세이버 껌은?
- 빅 라이터. 그럼, 빅 팬티스타킹은?
- 샤넬. 그럼, 남성용 샤넬은?
- 탠쿼리 진. 그럼, 탠쿼리 보드카는?
- 쿠어스 맥주. 그럼, 쿠어스 생수는?
- 하인즈 케첩. 그럼, 하인즈 유아용 식품은?
- USA투데이. 그럼, TV판 USA투데이는?

- 아디다스 운동화. 그럼, 아디다스 향수는?
- 피에르가르뎅 의류. 그럼, 피에르가르뎅 와인은?
- 리바이스 청바지. 그럼, 리바이스 신발은?

"우리는 기본 핵심 브랜드들이 가진 힘을 차용, 새로운 영역에 그 이름으로 확장을 시도할 것이다." 콜게이트-팜올리브의 애드 포가티Ed Fogarty 사장의 말이다.

"새로운 이름의 브랜드를 출시하기보다는 반복구매가 이루어지고 있는 고품질의 브랜드명을 강화하고 확장하는 것이 언제나 더 바람직하다." 켐벨 스프회사의 CEO인 데이비드 존슨David W. Johnson의 말이다.

"우리는 단일 브랜드 개념에 헌신해 왔다. 우리는 새로운 영역도 계속 델몬트라는 이름으로 확장해 갈 것이다." 델몬트의 사장 이완 맥도날드Iwan MacDonald의 말이다.

"앞으로 스프, 파스타, 샐러드 소스, 탄산수, 과일주스, 새로운 다이어트 음료들이 '울트라슬림패스트플러스'의 이름으로 계속 출시될 것이다." 울트라슬림패스트의 사장 다니엘 아브라함Daniel Abraham의 말이다.

(행운과 함께 안녕을 기원하는 바입니다. 사장님들!)

라인 확장이 실효를 거둘 수 없다는 숱한 증거에도 불구하고 어째서 최고경영진은 라인 확장의 효과를 맹신하는 것일까? 라인 확장이 장기적으로는 실패를 부르나 단기적으로는 성공을 가지고 올

수 있다는 게 한 가지 이유다.

거기다 경영진이 자기 회사나 브랜드에 맹목적인 충성심으로 눈이 멀어 있다는 것도 문제. 펩시가 펩시라이트와 펩시AM이 실패했는데도 불구하고 또 다시 크리스탈펩시Crystal Pepsi를 출시한 이유가 무엇이겠는가?

많을수록 적어진다more is less. 제품이 많을수록, 시장이 많을수록, 기업 간 제휴가 더 많이 이루어질수록, 수익은 적어진다. 마치 어디선가 기업과 그 경영진에게 "모든 방향을 향해 전속력으로 전진"이라고 명령을 내리기라도 한 듯하다. 과연 회사들은 라인 확장이 궁극적으로 아무 의미가 없다는 사실을 언제쯤 깨닫게 될 것인가?

적을수록 많아진다Less is more. 오늘, 성공을 거두고 싶다면 당신은 소비자의 마음속 한자리를 겨냥해 초점을 좁혀야 한다.

IBM이 상징하는 바는 무엇인가? 과거에는 '메인프레임'이었다. 지금은 모든 것을 상징하고 있으니, 이는 곧 아무것도 상징하고 있지 못하다는 말과 같다.

시어스 로벅은 왜 어려움을 겪고 있는가? 모든 사람들에게 모든 것을 제공하려 했기 때문이다. 내구재의 거인으로 군림하던 시어스는 비내구재 상품, 그다음에는 패션에 발을 들여놓았다. 회사는 세릴 티그스Cheryl Tiegs, 미국 최초의 슈퍼모델를 고용하기도 했다.(패션모델들이 정말로 시어스에서 미니스커트를 사 입을까?)

전통적인 관점에서 경영전략은 대개 모든 것을 포괄할 수 있는 비전을 개발하는 데 초점을 맞추고 있다. 즉, 현재 시장에 내놓은 모든 제품과 서비스는 물론, 앞으로 계획된 것들까지도 담을 수 있는 개념이나 아이디어를 찾는 것이 중요하다고 여긴다. 이러한 관점에서 전략은 마치 하나의 '텐트'와 같다. 기업이 참여하고자 하는 모든 것을 담을 수 있을 만큼 큰 텐트를 세우는 것이다.

IBM은 컴퓨터 분야에서 엄청난 크기의 텐트를 세웠다. 현재나 미래의 컴퓨터 분야에서 발생하는 그 어떤 것도 IBM 텐트 밖에 놓이지 않을 것이다. 하지만 이것은 재앙을 초래할 수 있는 전략이다. 새로운 기업, 새로운 제품, 새로운 아이디어들이 컴퓨터 시장에 침투해 들어올 때, 아무리 막강한 재정을 갖춘 IBM이라도 시장을 방어하기 어려워질 것이다. 전략적인 관점에서 선택과 집중이 필요하며, 어디에 텐트를 세울지 신중하게 결정해야 한다.

제너럴 모터스도 IBM과 같은 상황에 놓여 있다. 제너럴 모터스는 바퀴가 달린 모든 것에 관심을 두고 있다. 세단, 스포츠카, 소형차, 고급차, 트럭, 미니밴, 심지어 전기차까지도 포함된다. 그렇다면 제너럴 모터스의 경영전략은 과연 무엇일까? "도로 위든 도로 밖이든, 바퀴만 달려 있다면 따라가겠다"는 전략을 구사하는 것으로 보인다. 제대로 궤도를 따라 달릴지, 아니면 궤도 이탈을 할지 지켜볼 필요가 있다.

많은 기업들에게 라인 확장은 쉽게 갈 수 있는 지름길이다. 신규 브랜드를 출시하는 것은 단순히 자금뿐만이 아니라 아이디어나 개념도 필요하다. 신규 브랜드가 성공을 거두려면 새로운 영역에서 최초가 되어야 한다. 또는 신규 브랜드가 리더 브랜드의 대안으로 자리 잡아야 한다. 새로운 시장이 형성될 때까지 기다리는 기업들은 종종 이 두 개의 리더 자리가 이미 다른 기업에 의해 선점당한 현실을 본다. 결국, 이들은 구관이 명관이라고 예전의 라인 확장 전략으로 복귀한다.

라인 확장의 해독제는 제일 공급이 부족한 자원, 즉 기업의 용기뿐이다.

# 희생의 법칙

무언가를 얻기 위해서는 무언가를 포기해야 한다

희생의 법칙은 라인 확장의 법칙과 정반대라고 보면 된다. 성공하고 싶다면 당신은 무언가를 포기해야 한다.

희생시킬 수 있는 대상은 세 가지가 있다. 제품 라인, 표적 시장, 부단한 변화가 그것이다.

먼저 '제품 라인'을 살펴보자. 도대체 파는 물건의 종류가 많을수록 더 많이 팔 수 있다는 이론은 어디에 적혀 있는 원칙인가?

전체 제품 라인 구비는 실패자에게는 사치이다. 성공하고 싶다면, 제품 라인을 확장하는 것이 아니라 오히려 축소해야 한다. 에머리에어프라이트Emery Air Freight를 예로 들어보자. 에머리는 항공화물 서비스 사업을 운영하며, 고객이 보내고자 하는 어떤 것이든 에머리를 통해 운송할 수 있었다. 소화물, 대화물, 익일배송, 지연배송 등 모든 게 가능했다.

그렇다면 에머리와 비교해 페덱스는 어떤 전략을 취했을까? 단 하나의 서비스, 즉 소화물의 익일배송에 집중했다. 오늘날 페덱스는 에머리보다 훨씬 더 큰 회사로 성장했다.

페덱스가 이룬 성공의 열쇠는 '희생의 힘'에 있었다. 특정한 서비스에 집중함으로써 고객의 마음에 '익일배송'이라는 강력한 이미지를 심어준 것이다. 무슨 일이 있어도 반드시 다음날 배송되어야 할 물건이 있을 때, 사람들은 의심 없이 페덱스를 찾았다.

그리고 나서 페덱스가 한 일은 무엇인가? 에머리가 했던 것과 똑같은 일을 했다. 8억 8천만 달러를 들여 타이거인터내셔널Tiger International의 플라잉타이거라인Flying Tiger Line을 사들임으로써 '익일배송'이라는 강력한 포지션을 내다 버렸다. 이제 페덱스는 전 세계적으로 항공 화물 서비스를 제공하는 회사가 되었지만, 정작 그들만의 명확한 포지션을 잃어버렸다. 21개월 만에 페덱스는 국제 사업에서 11억 달러의 손해를 입었다.

마케팅은 정신적인 전투가 치러지는 게임이다. 제품이나 서비스가 아닌 인식의 싸움이기 때문이다. 소비자의 마음속에 페덱스는 여전히 익일배송 회사로 자리 잡고 있다. 익일배송이라는 포지션을 소유하고 있다. 하지만 시장이 국제적으로 바뀌면서 페덱스는 전형적인 마케팅 딜레마에 직면하게 된다. 국내에서 하던 그대로 국제 시장에서 승부를 걸 것인가? 아니면 새로운 글로벌 브랜드를 만들 것인가? 더 나아가, 먼저 국제 시장에 뛰어든 DHL과 어떻게 경쟁해야 할 것인가?

페덱스가 '익일배송'이라는 아이디어를 헌신짝처럼 내버린 행위도 충분히 나쁜 결정이었지만, 더 큰 문제는 그 아이디어를 대체할 새로운 무언가를 내놓지 못했다는 점이다.*

에버레디Eveready는 오랜 기간 동안 배터리 시장에서 리더로 군림했다. 그러나 대부분의 산업계가 그렇듯이 이 시장에도 새로운 테크놀로지가 도래했다. 배터리 부문을 변화시킨 첫 번째 테크놀로지는 고부하 배터리였다. 만약 당신이 배터리 시장에서 업계 1위인 에버레디라면, 고부하 배터리에 어떤 이름을 붙여주겠는가? 아마도 '에버레디 고부하 배터리'라고 붙여줄 것이다. 실제로 에버레디는 그렇게 했다.

그러다 알카라인 배터리가 등장했다. 이번에도 역시, 에버레디는 자사의 알카라인 배터리를 '에버레디 알카라인 배터리'라고 이름지었다. 충분히 이해가 가는 일이다.

그러던 중 P.R.멀로리P.R. Mallory가 오로지 '알카라인 배터리'라는 하나의 라인만을 시장에 내놓았다. 게다가 이 회사가 그 라인에 붙인 이름은 아주 근사했다. 바로 '듀라셀Duracell'이었다.

듀라셀이 감행했던 희생은 소비자의 마음속에 '오래가는 배터리long-lasting battery'라는 이미지를 각인시키는 힘을 발휘했다. 광고에서는 듀라셀이 에버레디보다 지속력이 두 배는 더 길다고 강조했다.

---

* 페덱스의 슬로건은 "세계 어디든 제시간에The World on Tiime", "어떤 상황이든, 확실하게 Whatever it takes", "꼭, 제 시간에Make sure it Gets There" 등이 있으며, 범세계적인 사업영역과 빠른 배송, 책임감 등을 표현하고 있다.

에버레디는 배터리 이름을 바꿔야 한다는 압력을 느꼈다. 그렇게 탄생한 이름이 바로 에너자이저Energizer다. 그러나 시기가 너무 늦었다. 이미 듀라셀이 배터리 시장의 리더로 등극하고 난 뒤였기 때문이다.

비즈니스 세계에는 크고 다양화된 '만능가generalist'와 작고 집중화된 '전문가specialist'가 있다. 만일 라인 확장과 다양화가 효과적인 마케팅 전략이라면 만능가가 더 위세를 떨쳐야 한다. 그러나 현실은 그렇지 않다. 만능가들 대부분은 어려움에 봉착해 있다.

만능가는 약하다. 크래프트Kraft만 해도 그렇다. 모든 사람들이 크래프트를 막강한 브랜드라고 생각한다. 그러나 젤리와 잼 시장에서 크래프트의 시장점유율은 9퍼센트에 불과하다. 그에 비해 스머커Smucker의 시장점유율은 35퍼센트나 된다.

크래프트라는 이름은 곧 '모든 것'과 통하지만, 스머커라는 이름은 젤리 아니면 잼이다. 스머커는 오로지 젤리와 잼만 만든다. 마요네즈 시장에서 크래프트의 시장점유율은 18퍼센트다. 그러나 헬만스Hellmann's는 시장의 42퍼센트를 차지하고 있다.(크래프트는 마케팅 점유율 면에서 압도적인 리더 브랜드를 하나 갖고 있긴 하다. 그 이름은 크래프트가 아니라 필라델피아Philadelphia다. 필라델피아 크림치즈는 크림치즈 시장의 70퍼센트를 차지하고 있다.)

소매업계를 살펴보자. 오늘날 어떤 소매업체들이 어려움을 겪고 있을까? 바로 백화점이다. 그런데 백화점이란 어떤 곳인가? '모든 것'을 판매하는 곳을 의미한다. 이는 현대 시장에서 재앙의 레시피

와도 같다.

캄포Campeau, L.J. 후커, 김벨즈Gimbels 등 여러 대형 백화점들이 결국 부도가 나서 법정관리에 들어갔다. 에임즈Ames와 힐즈Hills 백화점도 파산신청을 했다. 세계 최대 규모를 자랑하는 메이시스Macy's마저도 파산신청을 피할 수 없었다.

인터스테이트Interstate 백화점 역시 파산 위기에 처했다. 이를 타개하기 위해 회사는 재무 상황을 면밀히 검토했고, 그 결과 돈이 될 만한 어떤 제품 하나에만 초점을 맞추기로 결정했다. 그것은 바로 '장난감'이다. 이에 따라 인터스테이트는 회사 이름도 '토이저러스Toys 'R' Us, Toys are us에서 are를 같은 발음의 'R'로 바꿔 표기한 것'로 변경했다. 오늘날 토이저러스는 미국 장난감 소매 시장의 20퍼센트를 차지하며, 수익 면에서도 대단한 결과를 낳았다. 지난 회계연도에 토이저러스는 55억 달러의 매출을 기록하며 3억 2천6백만 달러의 이익을 냈다.

이에 많은 소매 유통업체들이 토이저러스가 적용한 공식, 즉 '전문화된 제품으로, 초점 좁히기'를 모방해 성공을 거두고 있다. 스테이플스Staples와 블록버스터 비디오가 그 대표적인 예다. 소매 분야에서 큰 성공을 거둔 회사는 대개의 경우 '전문가'들이었다.

• 리미티드The Limited: 직장 여성을 위한 고급의류
• 갭The Gap: 젊은 층을 위한 캐주얼의류
• 베네통Benetton: 유행에 민감한 젊은 층을 위한 울 및 면 소재 의류
• 풋 락커Foot Locker: 운동화

- 바나나 리퍼블릭<sup></sup>Banana Republic: 사파리풍 도시정장 (바나나 리퍼블릭은 '바나나 공화국'으로 번역되며, 바나나 등 1차 상품의 수출에 의존하면서 미국과 같은 서구 자본에 의해 지배당하는 것은 물론 부패 정치, 독재 등 정치적 불안정과 극심한 빈부격차로 구제불능 상태에 있는 국가들을 빗대어 표현하는 말. 이런 이름의 의류 체인이 성공할 수 있는 세상이라면, 우리는 분명히 전문가의 시대에 살고 있는 게 분명하다.)

이제는 두 번째 희생 대상인 '표적 시장'에 대해 이야기를 해보자. 모든 사람들에게 좋은 인상을 남겨야 한다는 생각은 과연 어디에 적혀 있는 원칙인가?

콜라 시장을 예로 들어보자. 코카콜라는 소비자의 마음속에 최초로 들어가 막강한 입지를 구축했다. 1950년대 후반, 코카콜라가 펩시콜라보다 다섯 배 이상 더 많이 팔렸다. 이때 펩시콜라는 코카콜라의 강력한 입지에 대응하기 위해 무엇을 할 수 있었을까? 1960년대 초, 펩시콜라는 '희생'이라는 개념에 기반한 전략 하나를 개발해 냈다. 10대 시장teenage market을 제외하고는 모든 것을 희생시킨 것이다. 그런 뒤 10대들의 우상인 마이클 잭슨, 라이오넬 리치, 돈 존슨과 같은 상징적인 인물들을 광고 모델로 기용해 표적 시장을 효과적으로 공략해 들어갔다.

채 한 세대가 지나기 전에, 펩시는 격차를 대거 좁힐 수 있었다. 오늘날 미국의 전체 콜라 판매량에서 펩시는 코카콜라보다 10퍼센트 정도 뒤져 있을 뿐이다.(슈퍼마켓에서는 사실상 펩시콜라가 코카콜라보다 더 많이 팔리고 있다.)**

그러나 이 같은 성공적인 전례에도 불구하고, 펩시 안에서는 텐트를 늘려야 한다는 압박이 여전히 존재하고 있었다. 최근 펩시는 결국 그 유혹에 무릎을 꿇고 말았다. 저명한 광고 잡지인 〈애드버타이징 에이지Advertising Age〉는 "펩시콜라는 '펩시세대'의 범위를 넘어섰다. 마케팅의 주요 노선이 바뀌면서 거선巨船 펩시는 대중을 위한 청량음료로 돌진을 감행할 것이다."라고 쓰고 있다.

"이게 꼭 필요할 거예요Gotta have it." 이는 펩시의 새로운 캐치프레이즈다. 이 광고에서는 요기 베라Yogi Berra와 레지스 필빈Regis Philbin 같은 중장년층 유명 인사들이 펩시콜라를 마시는 모습을 보여준다.

"과거, 펩시 광고의 한 가지 단점은 젊은층에 지나치게 초점을 맞췄다는 것이다." 펩시의 광고대행사인 BBDO의 필 두센버리Phil Dusenberry가 한 말이다. 그는 이렇게 말하기도 했다. "그때 더 넓은 그물을 던져 더 많은 사람을 잡을 수 있게 범위를 확장했더라면 더 큰 이익을 창출할 수 있었을 것이다."

〈포춘〉에 따르면 코카콜라는 이 세상에서 가장 막강한 힘을 가진 리더다. 그런데 펩시콜라는 초점을 좁히는 전략으로 그 대단한 리더와의 격차를 거의 좁힐 수 있었던 상황에서, 왜 그런 강력한 전

---

략을 바꾸었을까? 의문을 품지 않을 수 없다. 사실은 그와 정반대임에도 불구하고 더 넓은 그물을 던져야 더 많은 고객을 잡을 수 있다는 거의 신념에 가까운 믿음이 있는 듯하다.

버드와이저의 경우를 생각해 보자. 버드와이저의 CEO인 어거스트 부시 4세August Busch IV는 "버드와이저의 마케팅 전략은 성별과 인종을 가리지 않고 21세 이상의 모든 사람을 대상으로 한다."라고 밝혔다.

담배 광고를 살펴보자. 특히 과거의 담배 광고를 보면 남성과 여성이 함께 등장하는 경우가 많다. 왜일까? 대부분의 흡연자가 남성이었던 시절에도 담배 제조업자들은 시장을 넓히고자 했기 때문이다.

"남성 고객은 이미 확보했으니, 이제 여성 고객도 공략하자"는 전략을 펼친 것이다.

그렇다면 필립 모리스Philip Morris는 어떤 전략을 취했을까? 필립 모리스는 초점을 남성으로 좁혔고, 그중에서도 '진짜 남자'인 카우보이로 초점의 반경을 더 좁혀 들어갔다. 이 전략을 통해 탄생한 브랜드가 바로 '말보로Marlboro'다. 오늘날 말보로는 세계에서 가장 많이 팔리는 담배 브랜드로 자리 잡았다. 미국에서도 남녀 '모두에게' 가장 인기 있는 담배다.

이 사례는 표적과 실제 시장의 차이를 보여준다. 즉, 마케팅의 외견상 표적이 실제로 제품을 구매하는 사람들과 다를 수 있다는 점을 의미한다. 펩시콜라의 외견상 표적은 10대였지만, 실제 시장은 전 연령층을 아울렀다. 몸은 50대지만, 마음은 29세인 사람도 펩시를 마시고 싶어 한다.

말보로 광고의 표적은 카우보이지만, 실제 시장은 모든 사람들이다. 현재 미국에 카우보이가 몇이나 남아 있을 것 같은가? 거의 없다. (물론 그들은 모두 말보로만 피우겠지만.)

마지막으로, 세 번째 희생인 '부단한 변화'에 대해 생각해 볼 차례다. 도대체 매년 예결산 때마다 마케팅 전략을 바꿔야 한다는 생각은 어디에 적혀 있는 원칙인가?

시장에 변화가 생길 때마다 무조건 따라가려고 기를 쓰다 보면 결국 방향을 잃고 길을 벗어나게 된다. 일관된 입지를 유지하는 가장 좋은 방법은 애초에 그 입지를 변경하지 않는 것이다.

피플 익스프레스People Express는 초기부터 매우 뛰어난 '좁은' 입지를 갖추고 있었다. 이 항공사는 불필요한 서비스를 없애고 실속 있는 도시로 저렴한 가격에 운항하는 저가 항공사였다. 피플 익스프레스를 이용하는 승객들은 비행기에 탑승할 때 종종 "우리가 어디로 가고 있죠?"라고 묻곤 했다. 목적지가 어디든 상관없었다. 가격만 저렴하면 됐기 때문이다.

그런데 성공을 거둔 후, 피플 익스프레스는 어떤 전략을 취했을까? 모든 사람들에게 모든 것을 제공하려고 했다. '보잉 747'과 같은 새로운 장비에 대거 투자하고, 시카고와 덴버 같은 사람들이 많이 이용하는 주요 노선뿐 아니라 유럽으로도 비행을 시작했다. 또한 프론티어 항공Frontier Airlines을 인수하고, 일등석 같은 다분히 실속 없는 고급 서비스를 추가했다.

결과적으로 피플 익스프레스는 즉시 성공으로 가는 항로를 이탈, 텍사스 항공Texas Air에 매각됨으로써 파산을 겨우 면할 수 있었다.

이와 반대로 화이트 캐슬White Castle, 미국에서 가장 오래된 패스트푸드 체인점은 한 번도 자신의 입지를 변경하지 않았다. 오늘날의 화이트 캐슬은 60년 전의 모습과 다르지 않으며, 믿기 어려운 저렴한 가격에 '프로즌 슬라이더frozen slider, 냉동식품으로 일반 식품점에서도 구입 가능한 화이트 캐슬의 고유 햄버거'를 팔고 있다. 놀랍게도 화이트 캐슬은 연간 100만 달러 이상(1992년 기준)의 수익을 올리고 있다. (이는 버거킹보다 많으며, 맥도날드와도 큰 차이가 나지 않는 수준이다.)

무언가를 희생한 사람들에게는 복이 찾아오기 마련이다.

# 속성의 법칙

모든 속성에는 그에 상반되면서도
효과적인 속성이 존재한다

우리는 '독점의 법칙'에서 경쟁자가 소유하고 있는 단어나 지위를 공유할 수 없다는 사실을 강조한 바 있다. 당신은 당신 나름대로 당신만이 소유할 단어를 찾아야 한다.

그런데 너무나도 많은 회사들이 리더를 모방하려고만 든다.

"리더들은 무엇이 효과가 있는지 제대로 알고 있는 게 분명해."

물론 일리가 있는 생각이다.

그렇지만 이런 태도는 바람직하지 못하다.

그보다는 리더에 맞설 수 있는 반대의 속성을 찾는 편이 훨씬 효과적이다. 이때 집중해야 할 단어는 '반대opposite'다. '비슷한similar' 것은 통하지 않는다.

코카콜라는 '원조'라는 속성 때문에 중장년층의 선택 대상이었다. 이에 반해 펩시는 젊은 세대가 선택하는 콜라로 자신을 포지셔

닝하는 데 성공했다.

크레스트Crest는 '충치예방' 속성을 가지고 있었기 때문에 다른 치약들은 충치예방보다 맛, 미백, 입냄새 방지, 나아가 최근에는 소독효과와 같은 다른 속성 찾기에 주력했다.

마케팅은 치열한 아이디어의 전쟁터이다. 그러니 성공하려면 자신만의 고유한 아이디어나 속성을 확보해야 하며, 만약 이런 것이 없다면 저렴한 가격으로 경쟁할 수밖에 없다. 그것도 아주 저렴해야 한다.

모든 속성이 똑같이 중요하다고 말할 수는 없다. 어떤 속성은 다른 속성보다 고객에게 더 중요한 가치를 지닌다. 가장 중요한 속성을 찾아서 소유해야 한다.

치약에서 충치예방은 가장 중요한 속성이다. 바로 이것이 당신이 소유해야 할 속성이다. 그러나 '독점의 법칙'은 한번 속성이 경쟁자에 의해 성공적으로 점유되면 그 속성은 논외 대상이 되어야 한다는 것을 단순한 진리로 강조하고 있다.

그렇다면 당신은 덜 중요한 '2위' 속성을 취할 수밖에 없고, 해당 영역에서 더 낮은 시장점유율로 만족해야 한다는 말일까? 그렇지 않다. 현재의 '1위'가 영원한 1위가 되라는 법은 없다. 당신의 임무는 다른 속성을 찾아내고, 그 속성의 가치를 극대화하여 시장점유율을 높이는 데 있다.

오랜 세월 동안 IBM은 '큰big', '막강한powerful'이라는 속성으로 컴퓨터 세상을 장악해왔다. 이러한 속성을 기반으로 진입하려 했던

RCA, GE, 유니백UNIVAC, 버로스Burroughs, 허니웰Honeywell, NCR, 컨트롤 데이터Control Data 등은 큰 성공을 거두지 못했다. 그러다 보스턴에 근거지를 둔 신생 기업 하나가 '작은small'이라는 속성과 미니컴퓨터의 도입을 통해 돌파구를 마련했다. 미니컴퓨터가 처음 등장했을 때, 아몬크Armonk, IBM 본사가 위치한 곳에 있는 사람들은 아마 비웃었을 것이다. 그들은 미국 기업들이 하나같이 '크고 강력한' 것을 선호한다는 것을 알고 있었기 때문이다. 하지만 오늘날 '작다'는 속성이 주류가 되어 IBM의 메인프레임 제국을 심각한 위기에 빠뜨렸다.

질레트Gillette는 기존 제품과 정반대되는 새로운 속성을 비웃지 않는 회사다. 세계 1위 면도기 제조사인 질레트는 첨단 기술의 면도기와 카트리지 시스템으로 시장을 지배하고 있다. 프랑스의 한 신생 기업이 질레트와 정반대의 속성인 일회용 면도기를 출시했을 때, 질레트는 무겁고 비싼 첨단 면도기가 더 낫다고 주장할 수도 있었다. 하지만 질레트는 그렇게 하지 않았다.

대신 질레트는 '굿뉴스Good News'라는 일회용 면도기를 출시하며 시장에 뛰어들었다. 대규모의 투자를 통해 질레트는 일회용 면도기 시장에서 승리할 수 있었다.

오늘날 질레트의 굿뉴스 면도기는 일회용 면도기 시장을 지배하고 있으며, 이 영역은 면도기 시장 전체를 아우를 만큼 성장했다. 여기서 우리는 새로운 속성이 차지할 시장의 크기는 예측할 수 없으므로, 함부로 비웃어서는 안된다는 교훈을 얻을 수 있다.

버거킹은 맥도날드의 '빠르다'는 속성을 빼앗으려고 했지만, 실패했다. 그렇다면 버거킹은 어떻게 했어야 했을까? 반대 속성을 이용해야 했을까? 하지만 정확히 반대되는 속성인 '느리다'는 패스트 푸드라는 전체 비즈니스 속성에 적합하지 않다.(버거킹의 '굽기broiling' 개념에 '느림'의 요소가 있긴 하지만)

맥도날드에 한번 가보면 쉽게 그들이 가진 또 다른 속성을 발견할 수 있다. 바로 '아이들'이다. 맥도날드는 아이들이 부모의 손을 이끌고 찾아가는 장소이며, 그 사실을 대내외에 알리고자 어린이용 놀이공간까지 갖추어놓고 있다. 여기에는 코카콜라와 펩시의 경쟁에서 보듯, 하나의 기회가 포진하고 있다. 맥도날드가 아이들을 타깃으로 삼는다면 버거킹은 성인층을 대상으로 자리매김할 기회를 갖게 된다. 물론 그 고객층에는 아이처럼 보이고 싶지 않은 모든 청소년들이 포함되며, 이는 대체로 10세 이상의 고객들을 대상으로 하게 된다.(시장으로 삼기에 결코 나쁘지 않다.)

이 개념을 실현하려면, 버거킹은 '희생의 법칙'을 적극 적용해 맥도날드에 모든 어린이들을 내어주어야 할 것이다. 이는 몇몇 놀이공간을 없애야 한다는 의미일 수 있지만, 동시에 버거킹은 맥도날드에 '어린이 놀이공간kiddie land'이 있다는 이미지를 고착시킬 수 있는 기회도 얻게 된다.

이런 개념을 소비자의 마음속에 깊이 각인시키기 위해 버거킹은 하나의 적절한 용어가 필요하다. 버거킹의 직화直火구이 맛을 즐길 정도로 '성숙한' 사람들을 위한 패스트푸드점이라는 의미에서

'Grow Up성숙'이라는 단어를 제안할 수 있다.

버거킹의 새로운 마케팅 전략은 맥도날드의 이사회실에 충격과 공포를 불러일으킬 것이다. 이런 반응은 당신의 마케팅 프로그램이 효과적으로 작동하고 있다는 긍정적인 신호다.

# 정직의 법칙

스스로 부정적인 면을 인정하면
소비자는 긍정적인 평가를 내려줄 것이다

문제를 인정하는 것은 기업의 본성이나 인간의 본능에 반하는 일이다. 지난 세월 동안 우리는 '긍정적인 사고의 힘'에 대해 귀가 따갑도록 들어왔다.

"긍정적으로 생각하라Think positive."

이를 주제로 한 책과 논문이 수도 없이 쏟아졌다.

따라서 소비자의 마음에 자리 잡기 위한 가장 효과적인 방법 중 하나로 먼저 '부정적인' 점을 인정한 후, 그것을 '긍정적'으로 바꾸는 것이라는 사실은 놀라울 수 있다.

"에이비스Avis는 렌터카 업계에서 단지 2위일 뿐입니다."

"스머커즈Smucker's라는 이름을 가진 제품이라면 맛이 좋을 수밖에 없습니다."

"1970년형 폭스바겐은 더 오래, 더 못생긴 모습으로 남겠습니다."

"조이$^{Joy}$! 세상에서 제일 비싼 향수입니다."

이게 도대체 어찌 된 일인가? 마케팅 과정에서 정직성이 이렇게 큰 효과를 낼 수 있는 이유는 무엇인가?

무엇보다, '정직'은 상대방의 경계심을 무장 해제시킨다는 점을 간과해서는 안 된다. 자신에 대해 자기 입으로 털어놓는 부정적인 발언은 뭐가 됐든 대번에 진실로 받아들여진다. 반면 자기 입으로 떠드는 긍정적인 발언은 의심의 눈초리를 받게 된다. 특히 광고에서 그러하다.

긍정적인 발언의 경우는 소비자들이 인정해줄 때까지 그 진실성을 입증해 보여야 한다. 그러나 부정적인 발언에는 그런 수고가 필요 없다. 당연히 그들이 진실로 받아들일테니 말이다.

"1970년형 폭스바겐은 더 오래, 더 못생긴 모습으로 남겠습니다." 소비자는 이 못생긴 차가 튼튼할 거라는 믿음을 갖게 된다. 그게 소비자의 생각이다.

"조이! 세상에서 가장 비싼 향수입니다." 그 조그마한 향수를 375달러나 주고 사는 사람들이 있다면, 그 향수는 대단할 수밖에 없다.

"스머커즈$^{Smucker's}$라는 이름을 가진 제품이라면 맛이 좋을 수밖에 없습니다." 대부분의 회사, 특히 가족회사는 자신의 이름을 우스갯거리로 만들지 않는다. 그러나 스머커즈 가문은 그렇게 했고, 이는 오늘날 스머커즈가 잼과 젤리 시장에서 1위 브랜드가 될 수 있었던 이유 중의 하나이기도 하다.

당신의 브랜드가 가진 이름이 멋지지 못하다면, 당신에게는 두 가지 선택이 가능하다. 이름을 바꾸거나, 이름을 대놓고 우스갯거리로 만드는 것이다. '나쁜' 이름을 그대로 두고 보는 일만큼은 절대 있어서는 안 된다. 오늘날 당신이 동네 슈퍼마켓에서 개블링거Gablinger's, 그롤쉬Grolsch, 그리세딕Gresedieck 같은 맥주 브랜드를 찾을 수 없는 이유가 바로 그 때문이기도 하다.

"에이비스Avis는 렌터카 업계에서 단지 2위일 뿐입니다." 그렇다면 왜 에이비스를 선택할까? 그들은 더 열심히 노력해야 한다. 모두가 에이비스가 렌타카 업계에서 2위라는 사실을 알고 있기 때문이다.

그렇다면 이렇게 명백한 사실을 새삼 강조하고 있는 이유는 무엇인가? 마케팅은 종종 명백한 것을 찾아내는 과정이다. 한번 결정된 마음은 바꾸기 어렵기 때문에 마케팅은 이미 뇌에 각인된 아이디어와 개념을 활용하는 데 집중해야 한다. 그리고 마케팅 프로그램을 통해 이를 '강화'해야 한다. 에이비스의 '2위' 전략만큼 이를 훌륭하게 실행한 마케팅 프로그램은 없었다.

긍정적인 사고는 지나치게 과대평가 되어왔다. 현대사회의 폭발적인 소통 증가로 인해 사람들은 기업이 무언가를 팔려고 할 때 방어적이고 경계심을 가지게 되었다. 소비자에게 솔직하게 자신들의 문제점을 인정하는 것은 거의 모든 기업이 피하는 일이다.

기업이 문제를 인정하며 메시지를 시작하면, 사람들은 거의 본능적으로 마음을 연다. 누군가가 문제를 가지고 여러분에게 왔을 때, 여러분이 얼마나 빨리 관심을 가지고 돕고 싶어 했는지 떠올려 보라. 반면, 누군가가 자신이 잘하고 있는 일에 대해 이야기하기 시작했을 때, 아마도 훨씬 덜 관심을 가졌을 것이다.

이처럼 열린 마음 상태에서는 긍정적인 메시지, 즉 판매 메시지를 전달하기가 더 쉬워진다. 몇 년 전, 스코프는 '맛이 좋은' 구강청결제로 시장에 진입하며 리스테린의 형편없는 맛을 제대로 공략했다.

그때 리스테린은 어떻게 대응해야 했을까? 리스테린의 맛이 '그렇게까지 나쁘지만은 않다'라고 말할 수는 없었을 것이다. 그랬다가는 부정적인 인식을 강화할 위험이 있었다. 대신, 리스테린은 '정직의 법칙'을 멋지게 활용해 "하루 두 번 마셔야 하는 당신이 싫어하는 맛"이라는 메시지를 내세워 성공했다.

회사는 제품의 맛이 나쁘다는 사실을 인정했을 뿐 아니라, 사람들이 그 맛을 실제로 싫어한다는 사실까지 인정했다. 이를 통해 리스테린이 '많은 세균을 죽인다'는 판매 전략을 설정할 수 있었다.

고객은 소독제 같은 맛이 나는 제품이라면 분명 세균을 죽일 것이라고 생각했고, 위기는 정직함이라는 강력한 한 방에 극복되었다.

또 다른 예로 제너럴 푸드General Foods는 자사의 그레이프 너츠 시리얼이 '경험이 필요한 기쁨'이라는 사실을 인정하고, 소비자들에게 1주일 동안 드셔보시라고 권했다. 결과적으로 판매량이 23퍼센트 증가했다.

마지막으로 주의사항 한 가지가 있다. '정직의 법칙'은 아주 신중하고 능숙하게 사용해야 한다. 먼저 당신의 부정적인 점은 분명하게 부정적으로 인식되어야 한다. 이는 소비자의 즉각적인 동의를 이끌어내야 한다. 부정적인 점이 빨리 인식되지 않으면, 소비자는 혼란스러워하며 "이게 무슨 이야기지?"라고 의아스럽게 생각할 수 있다.

그리고 부정을 인정한 다음에는 재빨리 긍정의 메시지로 전환해야 한다. '정직'의 목적은 사과가 아니다. 정직의 목적은 고객을 설득할 수 있는 '이점benefit'을 마련하는 것이다.

이 법칙은 오랜 속담인 "정직이 최선의 방책이다"라는 말을 제대로 증명해 주고 있다.

# 단일의 법칙

어떤 상황에서든 실질적인 결과를
내는 방법은 단 하나뿐이다

많은 마케팅 전문가들은 성공을 여러 작은 노력들이 합쳐져 이루어진 결과라고 생각한다.

이들은 다양한 전략 중에서 선택할 수 있으며, 마케팅 프로그램에 충분한 노력을 기울이기만 하면 성공할 수 있다고 생각한다. 만일 그런 사람들이 해당 영역의 리더 브랜드를 마케팅하고 있다면, 여러 가지 전략에 자원을 분산시키면서 비효율적으로 낭비하고 있을 가능성이 크다.

그들은 다양한 프로그램에 손을 대는 것이 성장의 최선의 방법이라고 생각하는 듯하다. 마치 모든 것에 꼬리를 치며 달려드는 강아지식 접근법과도 같다.

만약 그들이 시장의 리더가 아니라면, 리더와 동일한 일을 조금 더 잘하려고 시도하고 있을 가능성이 크다.(그래도 전자의 경우보다는 낫다.) 이는 사담 후세인Saddam Hussein이 "우리가 해야 할 일은 조금 더 열심히 싸우는 것뿐이며, 그러면 모든 것이 해결될 것이다."라고 말한 것과 같다. 그러나 더 열심히 노력하는 것이 마케팅 성공의 비결은 아니다.

노력을 많이 하든 적게 하든, 결과의 차이는 미미하다. 더불어 회사가 커질수록 평균의 법칙이 작용하여 '더 열심히 노력하는' 접근 방식의 실질적인 이점을 상쇄한다.

역사는 마케팅에서 오직 하나의, 대담한 공격만이 실효를 거둘 수 있다고 증언해준다. 나아가 주어진 상황이 어떠하든 오직 하나의 행동만이 실제적인 결과를 창출해준다고 말한다.

훌륭한 장수는 싸움터를 살펴보고 적이 예상치 못한 단 하나의 대담한 전략을 찾는다. 이때 하나를 찾아내기도 어렵지만, 하나 이상을 찾기란 대개 불가능하다.

군사전략가이자 작가인 B.H. 리델 하트Liddell Hart는 이런 대담한 전략을 가리켜 '최소 예상선the line of least expectation'이라고 부른다. 노르망디 상륙작전이 바로 그런 예이다. 연합군의 공격이 감행되었던 노르망디는 조류의 변화가 심하고 바위가 많은 해안이라 독일군으로서는 어떤 군대든 상륙지점으로 삼으리라 생각하지 못했던 곳이다.

마케팅도 이와 같다. 대개 경쟁자의 약점이 존재하는 곳은 오직 한 군데이며, 바로 그곳이 돌격대의 전력을 집중시켜야 할 목표지점이다.

이와 관련해서는 자동차산업이 아주 흥미로운 본보기가 되어 준다. 수년 동안 선두기업의 힘은 중간 제품군에 있었다. 시보레, 폰티악, 올즈모빌Oldsmobile, 뷰익, 캐딜락 같은 브랜드를 거느린 제너럴 모터스는 포드, 크라이슬러, 아메리칸모터스가 가해오는 전면공격을 가볍게 물리쳤다. 에드셀Edsel, 포드가 1957년에 GM에 맞서 야심차게 내놓은 중형 차종이 출시 3년 만에 단종된 참패가 그 대표적인 예이다. 제너럴 모터스의 막강한 힘은 전설적인 수준이 되었다.

마케팅에서 효과를 내는 것은 군대에서 효과를 내는 것과 같다. 바로 비非예상성이다.

한니발은 등정이 불가능하리라 여겨졌던 알프스를 넘었다. 히틀러는 기갑부대로 하여금 마지노선을 우회, 프랑스 장군들이 결코 탱크로 넘을 수 없는 지형이라 여겼던 아르덴Ardennes을 지나 진군하게 했다.(사실상 히틀러는 이 작전을 두 번 써먹었다. 한 번은 프랑스 전투였고, 다른 한 번은 벌지Bulge 전투였다.)

최근 제너럴 모터스를 상대로 두 번의 강도 높은 공격이 가해졌다. 두 경우 모두 제너럴 모터스의 마지노선을 우회해 들어온 측면공격이었다. 일본 자동차 기업들은 도요타, 닷선Datsun, 혼다와 같은 소형차로 저가 시장에 진입했고, 독일 자동차 기업들은 메르세데스와 BMW와 같은 슈퍼 프리미엄 차종으로 고가 시장에 진입했다.

일본과 독일의 측면공격이 성공을 거두면서 제너럴 모터스는 제품의 하부와 상부라인을 강화하기 위해 자원을 투입해야 하는 압박을 받았다.(캐딜락은 고가의 독일 수입차를 막아내기에는 너무 저렴한 차였다.)

결국 제너럴 모터스는 경비 절감과 수익 유지를 위해 자사의 여러 중형차를 동일한 차체 스타일로 제작하기로 운명적인 결정을 내렸다. 어느 날 갑자기 시보레와 폰티악, 그리고 올즈모빌과 뷰익을 구분할 수가 없게 되었다. 모두가 비슷해졌기 때문이다.

외관이 엇비슷해지면서 중간제품군이 약화된 제너럴 모터스는 포드에게 유럽 스타일의 토러스Taurus와 세이블Sable로 공격해오도록 진로를 터주고 말았다. 그러자 곧 일본 기업도 아큐라, 렉서스, 인피니티를 들고 공격에 동참했다. 이제 제너럴 모터스는 모든 전선에 걸쳐 방어선이 무너진 상태다.

코카콜라의 경우를 보자. 현재 코카콜라는 클래식과 뉴코크로 두 전선에서 전면전을 펼치고 있다. 코카콜라클래식은 원래 가졌던 세력권과 상당 부분을 탈환했지만, 뉴코크는 겨우 버텨내고 있는 실정이다.

우리는 코카콜라의 연이은 슬로건 행진을 보아왔다. "우리가 당신을 위해 준비한 맛We have a taste for you", "진정한 선택The real choice", "유행을 잡아라Catch the Wave", "빨간색, 흰색 그리고 당신Red, White, and you", "이 느낌을 거부할 수는 없다You can't beat the feeling", "진짜를 이길 수 없다You can't beat the real thing" 등등. 하지만 이 중 어느 것도 이렇다 할 변화를 가져오지 못했다.

그럼에도 불구하고 코카콜라 직원들은 계속 노력했다. 독창적인 아이디어를 모으기 위해 할리우드의 연예대행사까지 영입했다.

조만간 새로운 마케터들이 애틀랜타의 코카콜라 본사 회의실에 들어와 새로운 슬로건으로 벽을 도배할 게 틀림없다. 코카콜라의 최고경영진은 회의석상에 둘러앉아 최근 시행했던 창의적 전략의 결과를 놓고 토론에 들어갈 것이다. 이론적으로 볼 때, 아이디어들을 닥치는 대로 내놓다 보면 그럴듯한 아이디어 하나쯤은 건질 수 있을 것 같지만, 이는 결코 효율적인 방법은 아니다.

코카콜라는 단순히 사업을 유지하는 것을 넘어서는 진전을 이루어야 한다. 우리의 관점에서 볼 때, 코카콜라는 일보 전진을 위한 일보 후퇴를 해야 한다.

우선, 코카콜라는 큰 결단을 내려 뉴코크를 중단해야 한다. 뉴코크가 실패작이거나 부끄러운 존재여서가 아니라, 뉴코크의 존재가 코카콜라가 가진 유일한 무기를 효과적으로 사용하는 것을 방해하고 있기 때문이다.

뉴코크를 안전하게 아카이브에 보관하면, 코카콜라는 집중의 법칙을 활용해 'The Real Thing리얼씽,진짜'이라는 개념을 다시 가져와 펩시에 맞서 사용할 수 있을 것이다.

이 전략을 실행하기 위해, 코카콜라는 TV 광고를 통해 펩시세대에게 이렇게 말할 수 있다.

"좋아요, 여러분. 우리가 강요하지는 않을게요. 하지만 진짜를 원할 때, 우리는 언제나 준비되어 있어요 All right kids, We're not going to push you. When you're ready for the Real Thing, we're got it for you."

이것은 펩시세대의 종말의 시작이 될 것이다.(펩시콜라가 스스로 펩시세대를 끝내지 않았다면 말이다.)

　이 아이디어는 단순하면서도 강력할 뿐만 아니라, 사실 코카
콜라가 취할 수 있는 유일한 전략이기도 하다. 이는 코카콜라가 소
비자의 마음속에 심고 소유한 단어인 'The Real Thing<sup>리얼씽,진짜</sup>'을
활용하고 있다.

　이러한 독창적인 아이디어나 개념을 찾기 위해 마케팅 종사자
들은 시장에서 무슨 일이 일어나고 있는지 잘 알아야 한다. 그들은
전선의 진흙탕 속에서 싸움의 최전선에 있어야 한다. 무엇이 효과가
있고, 무엇이 효과가 없는지 알아야 하며, 이 과정에 적극적으로 참
여해야 한다.

　마케팅에서의 실수는 치러야 할 대가가 엄청나기 때문에 경영진
은 중요한 마케팅 결정을 다른 사람에게 위임해서는 안 된다. 제너
럴 모터스에서 일어난 일이 바로 이 같은 경우였다. 재무 담당자가
주도권을 잡았을 때, 마케팅 프로그램은 붕괴되고 말았다. 그들의
관심사는 브랜드가 아닌 숫자에 있었기 때문이다. 역설적이게도,
그 숫자마저도 하락했다.

　본사 회의실에 머무르며 실제 과정에 참여하지 않는다면, 단 하
나의 결정적 행동전략을 찾아내기란 어렵다.

# 예측 불가의 법칙

경쟁자의 계획을 예측하지 못하면,
미래를 예측할 수 없다

대부분의 마케팅 계획은 미래에 대한 가정을 근간으로 한다. 그러나 미래에 일어날 일에 기반한 마케팅 계획은 대부분 틀리기 마련이다.

　수백 대의 컴퓨터와 수많은 기상학자가 있어도 3일 뒤의 날씨조차 예측하기 어려운데, 어떻게 3년 후의 시장을 예측할 수 있겠는가?

　IBM은 모든 퍼스널컴퓨터를 메인프레임에 연결하는 거대한 마케팅 계획을 세웠다. 이 계획을 '오피스비전OfficeVision'이라고 불렀다. 그러나 썬 마이크로시스템즈, 마이크로소프트 등 다른 경쟁 기업들의 기술 발전으로 인해 이 계획은 실행되지 못한 책 중단되었다. 오피스비전은 많은 것을 예측했지만, 경쟁사의 대응만은 예측하지 못했다고 볼 수 있다.

경쟁사의 반응을 예측하지 못하는 것은 마케팅 실패의 주요 원인 중 하나로 작용한다. 시민전쟁 당시 피켓Pickett 장군에게 게티스버그Gettysburg 전투에서 남부연합에 패배한 원인을 물었을 때, 그는 "양키Yankee, 남부군이 북부군을 경멸하여 부르던 속어가 어느 정도 기여하지 않았겠소?"라며 농담 섞인 대답을 했다.

일각에서는 미국의 큰 문제는 장기적인 시각의 부재에 있다고 주장한다. 미국 경영자들이 지나치게 단기적인 사고에 치우쳐 있다는 의견도 있다. 장기적인 계획을 세우지 않으면 상황이 더욱 악화되지 않을까?

표면적으로 볼 때, 이러한 우려는 타당해 보인다. 그러나 중요한 것은 장기적 사고와 단기적 사고의 차이를 이해하는 것이다. 미국 기업들 대부분이 안고 있는 문제들은 단기적인 마케팅 사고가 아닌, 단기적인 재무적 사고에서 기인한다.

대부분의 기업들은 분기별 보고서에 의존해 운영되고 있으며, 이는 장기적 관점에서 문제가 될 수 있는 요소이다. 숫자에 얽매여 운영되는 기업들은 결국 숫자에 의해 무너질 위험에 처해 있다. ITT의 해럴드 제닌Harold Geneen은 이 방식을 잘 보여준 인물이다. 그는 이익을 극대화하기 위해 무리하게 거래를 밀어붙였고, 중역들에게 과도한 성과 압박을 가했다.

결국 제닌의 이러한 경영 방식은 사상누각과 같은 결과를 초래했고, ITT는 실속은 없고 껍데기만 남은 기업이 되었다. 회계상으로는 그럴듯했지만, 마케팅은 실패했다.

제너럴 모터스 역시 재무 담당자들이 경영을 맡고, 브랜드 대신 숫자에 집중하기 전까지는 순조롭게 운영되었다. 그들은 알프레드 슬론Alfred P. Sloan, GM의 창업자 중 한 사람이자 전 회장이 세운 브랜드 차별화 전략을 무위로 돌려놓았다. 모든 사업부 수장들은 어떻게든 단기 성과 목표를 달성하기 위해 중가中價 시장에 매달리기 시작했다.

효과적인 단기 계획은 제품이나 회사를 차별화할 수 있는 전략이나 단어를 제시하는 것이다. 그런 다음, 그 아이디어나 전략을 극대화할 수 있는 장기적인 마케팅 방향을 설정하는 것이 중요하다. 이때 장기적 '계획'이 아니라 장기적 '방향'이라는 사실이 중요하다.

도미노 피자의 톰 모나한Tom Monaghan 사장은 단기 전략으로 '홈 딜리버리가정배달'라는 아이디어를 제시하고, 피자를 빠르고 효율적으로 배달하는 시스템을 구축했다. 그의 장기적 방향은 가능한 빨리 전국적으로 홈 딜리버리 서비스를 시행하는 전국 피자 체인점을 만드는 것이다.

모나한은 전국 광고를 감당할 충분한 가맹점을 확보했고, 결국 '홈 딜리버리'라는 단어를 소유하는 데 성공했다. 그는 두 가지 목표를 모두 달성했고, 도미노는 홈 딜리버리 시장의 4퍼센트를 점유한 연간 매출액 26억 5천만 달러*의 회사로 성장했다. 모나한은 복잡한 '10년 계획'이 없이도 이 모든 것을 해냈다.

---

* 미국의 홈 딜리버리 시장에서 도미노 피자가 가장 큰 점유율을 차지하고 있다. 2022년 도미노는 86억 달러 이상의 매출을 기록했으며, 피자헛Pizza Hut이 53억 달러, 리틀 시저스Little Caesars가 47억 달러로 뒤를 잇고 있다.

그렇다면 당신은 어떻게 해야 하는가? 예측 불가인 시장에 대응하는 최선의 방법은 무엇인가? 당신은 미래를 예측할 수는 없어도 트렌드를 이용할 수는 있다. 이는 '변화'를 적극적으로 활용하는 방법이다.

트렌드의 한 예로 '건강'에 대한 미국인들의 관심 증가를 들 수 있다. 이 트렌드는 수많은 신제품들, 특히 건강식품들이 대거 시장에 쏟아져 나오는 계기를 만들었다. 최근 헬시초이스Healthy Choice가 냉동육류 식품업계에서 거둔 대대적인 성공은 이런 장기적 추세를 이용한 제품의 좋은 예이다.

콘아그라ConAgra는 1989년 3월에 헬시초이스를 출시했다. 사실 저나트륨, 저지방 제품은 이미 시장에 있었지만, 대부분의 제품은 라인 확장 전략의 일환으로 채택돼 소비자들에게 각인되지 못했다. 콘아그라는 이 오래된 건강식 트렌드를 포착해, 이를 명확한 컨셉으로 내세워 성공한 첫 번째 회사가 되었다.

하지만 안타깝게도 콘아그라는 헬시초이스 브랜드를 지나치게 확장하면서 본질을 희석시키고 있으며, 이는 마케팅의 기본 원칙 중 하나인 '희생의 법칙'에 반反하는 행위이다.

트렌드를 활용할 때 빠지기 쉬운 함정은 '추정'에 있다. 많은 기업이 트렌드가 얼마나 오래 지속될지에 대해 성급하게 결론을 내린다. 만약 몇 년 전의 전문가 예측을 그대로 믿었다면, 오늘날 모든 사람들이 석쇠에 구운 생선이나 나무로 불을 피워 구운 치킨만 먹고 있어야 한다. (참고로, 햄버거 매출은 여전히 탄탄하다.)

트렌드를 과대평가하는 것만큼 위험한 것은 현재의 상황이 그대로 지속될 것이라고 가정하는 것이다. 아무것도 바뀌지 않으리라 가정하는 것이나 무언가 바뀌는 게 있으리라 가정하는 것은 미래를 단정적으로 예측하고 있다는 점에서 다를 게 없다. '피터의 법칙Peter's Law'을 잊지 말라. 예측 불가였던 일이 언제나 현실로 일어난다.

물론 트렌드를 추적하는 것은 불확실한 미래를 준비하는 데 유용할 수 있다. 하지만, 시장조사가 오히려 독이 될 수도 있다. 시장조사는 미래가 아니라 과거를 측정하는 데 좋은 도구라서 새로운 아이디어와 개념을 포착하기 어렵다. 참고로 삼을 수 있는 기준이 없기 때문이다. 사람들은 자신이 실제로 선택의 기로에 서기 전까지는 무엇을 선택할지 모르는 법이다.

그 대표적인 예는 제록스가 일반용지 복사기 시장에 나오기 전에 실시한 시장조사다. 시장조사 결과, 1.5센트면 열감응지 복사가 가능한데, 굳이 5센트를 내고 일반용지 복사를 할 사람은 거의 없을 것이라는 결론이 얻어졌다. 하지만 제록스는 조사 결과를 무시했고, 그 결과는 오늘날 우리가 아는 성공적인 이야기로 남았다.

불확실한 세상에서 살아남는 방법 중 하나는 조직 내에 엄청난 유연성을 구축하는 것이다. 어떤 변화가 당신이 속한 영역에 광풍을 몰고 왔을 때, 기꺼이 그 변화를 맞을 준비가 되어 있음은 물론 그 즉시 변해야 장기적으로 살아남을 수 있다.

지난날 제너럴 모터스는 소형차 트렌드에 적절히 대응하지 못해 큰 손실을 입었다. IBM도 메인프레임에서 벗어나는 트렌드를 인정하지 않는다면, 회사는 또다시 엄청난 대가를 치러야 할지도 모른다.

오늘날 워크스테이션은 메인프레임과 미니컴퓨터 모두에 대단히 위협적인 존재로 부상하고 있다. 저렴한 비용으로 강력한 성능을 제공하는 워크스테이션 시장에서 IBM이 선두 지위를 유지하려면 썬 마이크로시스템즈와 휴렛팩커드가 장악하고 있는 이 영역에서 본격적으로 세를 넓혀가는 문제를 진지하게 고려해보아야 한다.**

IBM이 취할 수 있는 자연스러운 행보는 새로운 범용 브랜드를 소개하는 것이다. '피시즈<sup>PCs, 퍼스널컴퓨터의 약자</sup>'라는 이름의 제품을 선보이고 대단한 성공을 거두었을 때처럼 새로운 고성능 워크스테이션의 이름을 '피엠즈<sup>PMs, 퍼스널 메인프레임의 약자</sup>'로 한다면 IBM으로서는 최선의 선택이 될 수 있다. 이 두 개의 단어는 새로운 데스크탑 기기의 남다른 속도와 성능을 상징적으로 보여준다. 또 이 단어들은 IBM이 이미 고객의 마음속에 심고 소유한 것이기도 해서 이 둘의 조합은 막강한 힘을 발휘할 수 있을 것이다.

하지만 이 개념에 문제가 있다면, 그 문제는 아마 IBM 내부에서 발생할 것이다. '퍼스널 메인프레임'이라는 용어는 IBM 내부적으로 저항을 받을 가능성이 크다. IBM의 메인프레임 사업부와 퍼스널컴퓨터 사업부 모두에 큰 충격을 가할 수 있다. 이제 곧 본사에 전화가 빗발치면서 퍼스널 메인프레임 때문에 IBM의 주요 수입원인 이

---

** IBM은 이 전략을 택하는 대신 솔루션 서비스 판매로 사업을 재정의하고 성공했다.

두 비즈니스에 해가 미칠 것이라는 불만이 접수될지 모른다.

물론 퍼스널 메인프레임 제품이 IBM의 두 가지 주요 수입원을 약화시킬 가능성이 있다는 것은 사실이다. 하지만 기업은 새로운 아이디어로 스스로를 공격할 만큼 유연해야 한다.***

'변화'는 쉽지 않지만, 예측할 수 없는 미래에 대처하는 유일한 길이다.

마지막으로 짚어두고 싶은 말이 있다. 미래를 예측하는 것과 미래의 기회를 포착하는 것 사이에는 엄연한 차이가 있다. 오빌 레덴바커Orville Redenbacher의 고메팝핑콘Goumet Popping Corn은 사람들이 최고급 팝콘이라면 그 가치에 상응하는 두 배의 돈을 기꺼이 지불할 것이라는 기회를 포착했다. 지금처럼 풍요로운 사회에서는 그리 무모한 도전이 아니었다.

미래를 정확하게 예측할 수 있는 사람은 없다. 고로, 마케팅 계획 역시 그런 시도를 해서는 안 된다.

---

*** 해당 예시는 어디까지나 저자의 관점에서 제시된 해법이다. 오늘날 실제로 IBM이 선택한 다른 전략 방향은 성공적인 것으로 평가받고 있다.

# 성공의 법칙

많은 경우 성공은 자만심을 낳고,
자만심은 실패를 낳는다

자만심은 성공적인 마케팅의 적이다.

마케팅에 필요한 것은 객관성이다.

사람들은 성공하면 객관성을 잃는 경향이 있다. 종종 시장이 원하는 것 대신, 자신의 판단을 우선시하게 된다.

도널드 트럼프와 로버트 맥스웰Robert Maxwell은 초기 성공에 눈이 멀어 겸손을 잃은 대표적인 인물들이다. 성공에 눈이 멀면, 현실을 제대로 보지 못하게 된다.

트럼프의 전략은 모든 것에 자신의 이름을 붙이는 것이었다. 이는 '라인 확장'이라는 마케팅의 큰 오류 중 하나를 저지른 것이다. (부인종認은 자만심과 떼려야 뗄 수 없는 관계에 있는 것 같다. 처음 트럼프를 만났을 때, 그는 사람들이 자기더러 자만심이 강하다고 비난하는 것에 대해 불평하며 그게 사실이 아니라고 주장했다. 하지만 그의 책상 옆에 있는 1미터가 넘는 청동 'T트럼프의 첫 머리글자'자 상을 보면, 그 말이 얼마나 설득력 없는지 알 수 있었다.)

'성공'은 종종 무분별한 라인 확장을 초래하는 결정적 요인으로 작용할 때가 있다. 하나의 브랜드가 성공을 거두면, 기업은 그 브랜드의 성공이 이름 덕분이라고 착각하고, 그 이름을 다른 제품에도 붙이려는 경향이 있다.

그러나 현실은 그와 반대다. 이름이 브랜드를 유명하게 만든 것이 아니다.(물론 좋지 못한 이름 때문에 성공하기 어려울 수도 있긴 하다) 브랜드가 성공한 원인은 당신이 올바른 마케팅 전략을 선택했기 때문이다. 다시 말해, 당신이 취한 전략은 마케팅의 기본 원칙에 맞아떨어졌다는 것이다.

당신은 브랜드를 소비자의 마음속에 최초로 입성시켰고, 그 초점을 좁혀 강력한 속성을 선점했다.

초기 성공은 당신의 자만심을 부풀려 다른 제품에도 그 유명한 이름을 갖다 붙이게 만든다. 하지만 결과적으로 이는 도널드 트럼프의 사례에서 보듯 장기적인 실패를 초래할 수 있다.

자기 브랜드나 회사 이름에 집착할수록, 라인 확장이라는 함정에 빠질 가능성도 커진다. '문제가 이름 때문일 리가 없어'라고 생각할 수도 있지만, 그것이 바로 위험한 순간이다.

교만은 패망의 선봉이요, 거만한 마음은 넘어짐의 앞잡이다 잠언 16장 18절.

도미노 피자의 톰 모나한은 자만심이 얼마나 위험한지 깨달은

몇 안 되는 경영자 중 한 사람이다.

"사람은 성공하면 자기 자신이 뭐든지 할 수 있을 것처럼 생각하게 됩니다. 저도 과거 한때 그랬던 시기가 있었습니다. 냉동 피자 시장에 뛰어들었다가 큰 실패를 겪었죠. 그 중요한 시기에 냉동 피자를 팔러 술집이나 레스토랑을 돌아다니느라 시간을 허비하지만 않았어도 도미노는 지금쯤 훨씬 더 많은 매장을 확보할 수 있었을 겁니다."

사실 자만심은 어느 정도 도움이 되기는 한다. 사업을 일으킬 때 효과적인 추진력을 제공해줄 수 있다. 하지만 문제는 마케팅 과정에 자만심을 개입시키면서부터 일어난다. 현명한 마케터는 소비자가 어떻게 생각하는지, 소비자가 생각하는 방식으로 사고할 줄 아는 능력을 갖추고 있다. 그들은 고객의 입장에 서서 생각하고, 자신의 가치관으로 주어진 상황을 보지 않는다.(결국 마케팅에서 중요한 것은 세상에 대한 우리의 생각이 아닌, 고객의 생각이라는 점을 명심해야 한다.)

성공을 거듭해가면서 제너럴 모터스, 시어스 로벅, IBM 같은 회사는 거만해졌다. 그들은 자신이 시장에서 원하는 모든 것을 할 수 있다고 느꼈다. 성공이 실패를 낳았다.

세상에 미니컴퓨터를 내놓았던 회사, DEC를 생각해보라. 맨주먹으로 시작한 DEC는 엄청난 성공을 거두어 연간 매출액이 140억 달러에 달하는 회사가 되었다.

하지만 DEC의 창업자인 케니스 올슨Kenneth Olsen은 자신만의 생각에 너무 빠져 컴퓨터 세상을 자기 시각으로 보기 시작했다. 급기야 그는 퍼스널컴퓨터와 개방형 시스템 같은 새로운 흐름을 무시하고, 축소명령집합컴퓨터RISC, Reduced Instruction Set Computing, 명령어의 수와 주소지정 방식을 최소화하여 제어장치의 구조를 간단하게 구성한 프로세서를 시시하게 보아 넘기기에 이르렀다. 다시 말해 컴퓨터 영역에서 가장 괄목할 만한 성장을 이룬 세 가지 컴퓨터 부문을 무시한 것이다.(트렌드는 조류와 같아 거스르려고 해서는 안된다) 결국, 오늘날 케네스 올슨은 시장에서 밀려나고 없다.

회사 규모가 커질수록 CEO가 현장과 멀어질 가능성이 커진다. 이것은 아마도 기업 성장을 가로막는 가장 중요한 요인일 수 있다. 다른 요인들은 모두, 회사 규모가 클수록 유리하다.

마케팅은 전쟁과 같고, 전쟁의 첫 번째 원칙은 '힘의 원칙'이다. 즉, 큰 회사가 더 유리하다는 뜻이다.

하지만 큰 회사가 그 유리함을 유지하려면, 고객의 마음속에서 벌어지는 마케팅 전쟁에 집중해야 한다. 그렇지 않으면 그 장점을 잃을 수 있다.

제너럴 모터스에서 로저 스미스Roger Smith와 로스 페로Ross Perot 사이에 벌어졌던 신경전이 이런 사실을 잘 보여준다. 로스 페로는 GM 경영진에 합류하면서 주말이면 영업점을 방문해 차를 직접 사곤 했다. 그러면서 그는 로저 스미스가 자기처럼 하지 않는다고 비판했다.

"우린 GM 시스템을 박살내야 합니다."

페로가 한 말이다. 그는 운전기사가 운전하는 리무진, 따뜻한 주차장, 임원 전용 식당 등을 없애야 한다고 목소리를 높였다.(차를 판매하려는 회사에서 운전기사가 딸린 리무진을 탄다고?)

만일, 당신이 바쁜 CEO라면, 당신은 시장에서 실제로 일어나고 있는 일에 대한 객관적인 정보를 어떻게 수집할 수 있는가? 또 당신이 듣고 싶어 하는 말만 전하는 중간관리자들의 악행을 어떻게 근절할 수 있겠는가?

좋은 소식뿐 아니라 나쁜 소식도 제대로 들으려면 어떻게 해야 할까?

하나의 방법은 변장을 하거나 알리지 않고 불시에 현장에 직접 방문하는 것이다. 이 방법은 유통업체나 소매점에서 특히 효과적이다. 여러 면에서 이 같은 노력은 왕이 평민으로 변장해 백성들의 진짜 목소리를 들으려 했던 노력과 유사하다. 그 이유가 무엇이었던가? 실제로 일어나고 있는 일에 대해 정직한 의견을 듣기 위해서였다.

최고경영자들도 왕과 마찬가지로 측근들에게서 솔직한 의견을 듣기 어려운 경우가 많다. 내부에서 벌어지는 정치적인 음모들이 너무 많기 때문이다.

또 다른 문제는 시간 배분에 있다. 많은 CEO들이 자선단체 회합이나 업계 행사, 외부이사회 모임, 만찬 등의 외부활동에 시간을 낭비하고 있다.

한 설문조사에 따르면, 평균적으로 CEO는 외부활동에 주당

18시간을 소비하고 있는 것으로 나타났다. 그 다음으로 많은 시간을 잡아먹는 것이 내부회의다. 평균적으로 CEO는 주당 17시간을 사내회의에 참석하고, 그나마 6시간은 그 회의를 준비하는 데 사용한다. 최고경영자가 주당 61시간을 일한다고 가정하면, 회사 운영을 관리·감독하고 최전선을 시찰하는 일 등에 쓸 수 있는 시간은 고작 20시간 정도뿐이다. 그러니 마케팅을 다른 사람에게 맡기는 것은 당연할지도 모르지만, 이는 잘못된 결정이다.

마케팅은 너무 중요해서 다른 임원에게 맡길 수 없는 분야다. 만약 무언가를 위임해야 한다면, 다음 모금행사의 위원장직을 위임하는 것이 낫다.(미국 부통령이 대통령 대신 국장國葬에 참석하는 것처럼 말이다.) 그리고 회의도 줄여야 한다. 말로만 듣지 말고 직접 현장에 나가서 둘러보라. 고르바초프가 레이건 대통령에게 했던 말이 있다.

"백 번 듣는 것보다 한 번 보는 게 낫습니다."

소규모 회사들은 대기업에 비해 현장과 더 가깝다. 지난 10년 동안 작은 회사들이 더 빠르게 성장할 수 있었던 이유가 바로 이 때문인지도 모른다. 그들은 성공의 법칙을 무시하지 않았다.

# 실패의 법칙

실패는 예상되고 또 받아들여야 한다

너무나도 많은 회사들이 문제를 해결하려고 애쓰면서도, 정작 실패한 부분을 버리지 못한다. 그들은 재정비로 상황을 해결하려고 한다.

하지만 실수를 인정하고도 아무런 조치를 취하지 않는 것은 오히려 커리어에 나쁜 영향을 준다. 더 나은 전략은 실패를 빨리 인정하고 손실을 최소화하는 것이다. 예를 들어, 아메리칸모터스는 일찌감치 승용차를 포기하고 지프에 초점을 맞추어야 했다. IBM은 복사기를 접어야 했고, 제록스는 용케 일찍 실수를 깨닫기는 했지만, 더 빨리 컴퓨터에서 손을 뗐어야 했다.

일본인들은 실수를 빨리 인정하고 필요한 변화를 도모하는 능력이 뛰어난 것 같다. 그들의 합의 기반 경영 방식은 '개인'을 배제한다. 다수의 사람이 중대한 결정을 조금씩 나누어 책임을 지기 때문에 커리어에 해가 될 만한 치명적인 낙인이 찍히지 않는다. 다시 말해 '내가 틀렸다'고 인정하는 것보다 '우리 모두가 틀렸다'고 말하는 것이 훨씬 대처하기 쉬운 방식이다.

이러한 접근 방식은 일본인들을 적극적인 마케터로 만든 주요인으로 작용했다. 그들이 실수를 하지 않는 것이 아니라, 실수를 저질렀을 때 빨리 인정하고 고치며 계속해서 나아간다.

성공한 월마트 역시 실패에 대한 독특한 대처 방식을 가지고 있다. 월마트의 창립자인 샘 월튼Sam Walton은 이를 '준비ready, 발사fire, 조준aim' 방식이라고 불렀다.(현대 경영이론의 석학이라 불리는 톰 피터스 Tom Peters가 주창한 이 이론은 전통적인 '준비, 조준, 발사식 경영에서 탈피, 목표물에 조준하기 전에 먼저 발사해서 빗나간 정도를 파악한 다음 다시 정확하게 조준하는 것이 기업 경영에 더 효과적일 수 있다는 의미다.) 이는 그의 끊임없는 실험적 경영 스타일에서 비롯된 것이다.

월튼은 매번 목표를 정확히 맞출 수 없다는 사실을 잘 알고 있는 사람이었다. 그래서 월마트에서는 어떤 시도가 실패했다고 해서 직원들이 처벌받는 일은 없다. 월마트의 최고경영자가 〈비즈니스위크Business Week〉와의 인터뷰에서 말했듯이, "무언가를 배우고 시도했다면, 그 자체로도 노력을 인정받을 수 있다. 그러나 같은 실수를 반복하는 사람에게는 문제가 있다."

월마트는 다른 대기업들과는 그 성격이 사뭇 다른 곳이다. 그것은 어느 기업에나 퍼져 있는 '개인적 목표personal agenda'에 좌우되지 않는 기업 문화 덕분이다. 마케팅 결정은 흔히 의사결정권자의 커리어를 먼저 고려하고, 경쟁자나 적에게 미치는 영향은 그다음에 생각하는 경우가 다반사다. 기업들마다 개인적 목표와 회사의 목표 사이에는 내재된 갈등이 생기기 마련이다.

이런 기업 구조는 위험을 감수하지 않으려는 행동을 조장한다. (새로운 영역에서 최초가 되려면 용기를 내야 한다.) 고위 경영진이 높은 연봉을 받으며 은퇴가 얼마 남지 않았을 경우, 과감한 결정을 내리기 어려운 이유가 바로 여기에 있다.

심지어 젊은 중역들조차 승진 사다리를 올라가는 과정에 오점을 남기기 싫어 '안전한' 결정을 내리려고 한다. 아무도 '대담한' 결정을 하지 않았다고 해서 해고된 적은 없다.

미국의 일부 기업에서는 고위 경영진의 개인적인 이익에 도움이 되지 않으면 어떤 일도 진행되지 않는 경우가 많다. 이는 기업이 시도할 수 있는 잠재적 마케팅 전략을 크게 제한한다. 아이디어가 거절되는 이유는 그 아이디어가 근본적으로 문제가 있어서가 아니라, 고위 경영진 중 누구도 그 아이디어의 성공으로 개인적인 이익을 얻지 못하기 때문이다.

이런 '개인적 목표' 문제를 해결하는 방법의 하나는 차라리 이를 공개하는 것이다. 3M은 신제품이나 사업의 성공으로 혜택을 받게 될 사람을 공개적으로 인정해주는 '챔피언' 시스템을 활용하고 있다. 포스트잇노트Post It Notes의 성공적인 출시가 이런 시스템이 어떻게 기능하는지 잘 보여주고 있다. 아트 프라이Art Fry는 시장에 내놓기까지 12년이란 세월이 걸린 포스트잇노트 제품의 '챔피언' 연구원이다.

이상적인 환경이라면 관리자는 어떤 아이디어가 누구에게 이익이 되는지가 아닌, 그 자체의 가치를 기준으로 판단할 수 있어야 한다. 이런 방식으로 회사를 운영하고자 한다면 팀워크, 협력정신 그리고 자기희생을 갖춘 지도자가 필요하다. 이와 관련해 우리는 프랑스로 돌격해 들어가는 패튼 장군과 그의 제3군의 모습이 떠오를지도 모르겠다. 역사상 어느 군대도 그렇게 짧은 시간 안에 그렇게 넓은 영토를 점령하고, 그렇게 많은 포로를 잡은 군대는 없었다.

그럼 패튼 장군이 이런 성과에 대해 받은 보상은 무엇이었을까? 아이젠하워는 그를 해임했다.

# 과장의 법칙

상황은 언론에 보이는 모습과 정반대인 경우가 많다

IBM이 성공 가도를 달릴 때, 그들은 말이 별로 없었다. 그런데 지금은 꽤 자주 기자회견을 열고 있다.

　상황이 잘 돌아갈 때는 '과장'을 할 필요가 없다. 과장이 필요한 경우는 대부분 상황이 여의치 않을 때다.

　젊고 경험이 부족한 기자와 편집자들은 자신이 직접 수집한 정보보다 다른 매체에서 읽은 내용에 더 깊은 인상을 받는다. 과장이 시작되면, 그 흐름은 종종 계속 이어진다.

　어떤 청량음료도 뉴코크만큼 과장된 대접을 받은 적이 없다. 한 추산에 따르면, 뉴코크는 10억 달러 이상의 무료홍보free publicity, 언론에서 가치가 있다고 여겨 홍보비용을 받지 않고 자진해서 다루는 기사나 보도 효과를 얻었다. 거기다 뉴코크 브랜드 출시를 위해 들인 막대한 자금을 고려하면, 뉴코크는 세상에서 가장 성공적인 제품이 되었어야 했다. 하지만 현실은 그렇지 않았다.

출시 후 60일도 지나지 않아 코카콜라는 '코카콜라클래식'이라고 불리는 오리지널 제품으로 복귀하지 않을 수 없었다. 현재 클래식은 뉴코크보다 15대 1로 더 많이 팔리고 있다.*

어떤 신문도 〈USA투데이USA Today〉만큼 과장된 대접을 받은 적이 없다. 1982년 창간행사에는 미국의 대통령, 하원의장, 상원의 다수당 대표들이 대거 참석했다. 이 초기의 과장이 남긴 잔상효과가 아직도 커서 대부분의 사람들은 〈USA투데이〉가 실패한 신문이라는 사실을 믿지 못하고 있다.

어떤 컴퓨터도 넥스트NeXT 컴퓨터만큼 과장된 대접을 받은 적이 없다. 기자회견 참석 요청이 너무 많아서 스티브 잡스Steve Jobs는 미리 티켓을 인쇄해야 했으며, 몇 천 명을 수용할 수 있는 강당이 가득 찼다.

스티브 잡스는 주요 언론의 표지와 뉴스에 자주 등장했다. IBM, 로스 페로, 캐논Canon은 넥스트 컴퓨터에 1억 3천만 달러를 투자했다.

넥스트가 승자가 될 수 있을까? 물론 아니다. 넥스트가 무엇의 시초라는 것인가? 어떤 새로운 영역에서 최초이기라도 한가?

언론에서는 크게 다뤘지만, 실제로는 실패한 마케팅 사례는 무

---

\* 1985년 출시된 뉴코크는 출시 3개월만에 시장에서 철수되었고, 이후로는 일부 특별 이벤트를 제외하고는 재출시되지 않았다.

궁무진하다. 터커48<sup>Tucker48</sup>, 프레스톤 터커가 1948년에 출시한 고급 자동차. 운영 부진으로 그 이듬해 단종됨, US풋볼리그<sup>USFL</sup>, 비디오텍스트<sup>Videotext</sup>, 자동화 공장, 개인전용 헬리콥터, 조립식 주택, 픽쳐폰, 폴리에스터 양복 등이 그 예다.

과장의 본질은 신제품의 성공 가능성 여부에 있는 게 아니다. 핵심은 기존 제품들이 이제 구식이 될 것임을 암시하는 데 있다.

폴리에스터는 양모를 대체할 것이라 했고, 비디오텍스트는 신문을 대체할 것이라고 했다. 개인전용 헬리콥터는 도로와 고속도로를 대신할 것이라고 했고, '사이클롭스 아이<sup>cyclop's eye</sup>, 그리스 신화에 나오는 외눈 거인의 눈'라는 헤드라이트를 장착한 터커48은 디트로이트의 자동차 제조 방식을 혁신할 것이라고 했다.(그러나 현실은 겨우 51대만 생산되었다.)

과도하게 부풀려진 '미래형 사무실'에서는 모든 것이 컴퓨터 기술로 통합될 것이라 했다. 그러나 오늘날 사무실에는 퍼스널컴퓨터와 레이저프린터, 팩스, 복사기 등이 여전히 독립적으로 존재하고 있다. 미래형 사무실이라는 이름 하나는 제대로 붙였다. 미래에도 영원히 '미래형'으로 남아 있을 테니 말이다.

이런 예측들은 '예측 불가의 법칙'을 위반한다. 미래를 정확히 예측할 수 있는 사람은 없다. 제아무리 〈월스트리트저널〉의 뛰어난 기자라도 마찬가지다. 당신이 예측할 수 있는 유일한 대변혁은 이미 시작된 변화일뿐이다.

공산주의와 소비에트연방<sup>소련</sup>의 붕괴를 예측한 사람이 있었던가? 아무도 없었다. 그 과정이 시작된 후에야 언론은 "붕괴하는 공산주의 제국"이라는 이야기에 관심을 가지기 시작했다.

최초의 터커 자동차와 캘리포니아 일대를 강타했던 최초의 토요펫Toyopet, 1947년 토요타가 출시한 최초의 대중차량을 비교해보자. 〈로스앤젤레스타임스Los Angeles Times〉에서 일본산 자동차 수입이 자동차 산업의 기반을 뒤흔들 것이라는 기사를 다룬 적이 있던가? 전혀 없었다. 당시 뉴스에 보도된 내용은 미국의 고르지 못한 도로사정 때문에 일본산 소형차들이 잘 부서지고 적합하지 않다는 이야기뿐이었다.(다들 알다시피, 이후 자동차에도 변화를 주고 이름도 토요타로 바꾸면서 큰 성공을 거두었다.)

MCI가 시카고와 세인트루이스 사이에 초고주파 송수신 서비스를 시작하면서 시장에 나타났을 때, 언론에서 "막강한 경쟁자 출현, AT&T는 경계 태세 갖추어야"라는 식의 기사를 다루었던가? 그렇지 않았다. 언론은 소규모업체라고 MCI를 무시했다. 썬 마이크로시스템즈가 첫 워크스테이션을 시장에 출시했을 때, 언론은 그 잠재력을 눈치 채고 조만간 워크스테이션이 IBM과 DEC 같은 대기업을 뒤흔들 수 있다고 예견했던가? 그렇지 않았다. 언론은 썬 마이크로시스템즈를 무시했다.

신문의 1면은 잊어라. 미래에 대한 단서를 찾고 싶다면, 주목받지 못하는 작은 기사들이 실린 신문의 뒷면을 눈여겨보라.

퍼스널컴퓨터나 팩스기가 처음부터 폭발적인 인기를 끌었던 것은 아니다. 퍼스널컴퓨터는 1974년에 도입되었고, IBM이 퍼스널컴퓨터 시장에 다시 진입하기까지 6년이라는 시간이 걸렸다. 심지어 퍼스널컴퓨터도 '로터스1-2-3Lotus1-2-3' 소프트웨어가 출시된 후 1년 반이 지나서야 본격적으로 성장했다.

대중의 상상력을 사로잡는 것과 시장을 혁신하는 것은 다르다. 지금 '비디오폰'이라고 불리고 있는 픽쳐폰Picturephone, AT&T가 개발한 비디오가 추가된 데스크탑 전화장치을 예로 들어보자. 1964년 뉴욕월드페어New York World's Fair에서 첫 선을 보인 이래, 픽쳐폰은 계속해서 뉴스에 오르내렸다. 〈월스트리트저널〉의 1면에 "일대 변혁의 기수, 비디오폰 시대 도래"라는 기사가 실리기도 했다.

AT&T로서는 세 번째 시도였다. 1970년대의 월 이용료 100달러짜리 픽쳐폰 출시는 실패로 끝났다. 1980년대에는 시간당 2천300달러짜리 픽쳐폰 미팅 서비스도 실패로 끝났다. 1990년대에 들어 AT&T는 1천500달러짜리 비디오폰을 출시하며 다시 한번 도전장을 내밀고 있다.

비디오폰 시장이 큰 진전을 이루지 못한 이유는 분명하다. 전화 한 통 하겠다고 옷을 차려입을 사람이 누가 있겠는가?

하지만 비디오폰이 이렇게까지 과대 선전된 이유는 좀 더 복잡하다. 그 이유는 〈저널Journal〉의 기사 부제에서 힌트를 찾을 수 있다.

"여행의 대안An Alternative to Travel"

다시 말해 아메리칸항공, 유나이티드항공, 델타항공의 시대가 끝나가고 있다고 경고하고 있다. 이런 과장은 사실 비디오폰과 관련 있는 게 아니다. 이는 여행산업에 도래하고 있는 개혁의 움직임과

연관 있다고 봐야 한다.

수년간 가장 많은 과대 선전을 받은 것은 단독으로 산업 전체를 바꿀 것이라는 약속을 내건 기술들이었다. 특히 미국 경제에 중요한 산업일수록 그 기대는 컸다. 제2차 세계대전 이후 헬리콥터에 대한 과대선전을 기억하는가? 집집마다 차고에 헬리콥터가 있어 도로, 교량은 물론 자동차 산업 전체가 무용지물이 될 거라는 전망이 있었다. 도널드 트럼프는 헬리콥터를 가지고 있는가? 당신도 샀는가?(트럼프는 전용 헬리콥터를 가지고 있지만, 결국 은행에 넘겨주어야 했다.)

조립식 주택 역시 과대 선전의 대상이었다. 언론은 가계 예산에서 가장 고가의 소비내역에 해당하는 '집'이 조립 공정을 거쳐 제작될 수 있으며, 이는 향후 건설산업에 지각변동을 몰고오리라 떠들어댔다.

'노프릴스no frills, 불필요한 서비스 항목이나 기능을 최대한 줄여 저가로 제공하는 제품 및 서비스의 총칭'식품도 화제의 중심에 서기도 한다. 이 신제품이 포장식품 산업을 혁신할 것이며, 더 이상 브랜드는 의미가 없고 소비자들이 광고예산 대신 제품 자체의 가치를 보고 구매할 것이라고 보도했다. 하지만 이것도 결국 과대 선전에 불과했다.

최근에 지나치게 과장된 개발품으로는, 자판을 칠 수 있든 없든 누구나 컴퓨터를 쉽게 사용할 수 있게 해줄 거라고 했던 펜컴퓨터를 들 수 있다. 하지만 역시 과대 선전일 뿐이다.

물론 모든 과대 선전된 이야기 속에 어느 정도의 진실이 담겨 있지 않은 건 아니다. 세금만 더하면 58만 달러에 5인승 벨Bell 헬리콥터를 살 수 있다. 펜컴퓨터는 특히 이동이 많은 영업사원들처럼 특정 시장에서 매력적인 제품일 수 있다. 비디오폰은 폰섹스 산업에 대대적인 변화를 가져올 수 있다. 그리고 조립 공정을 거쳐 제작되는 이동주택과 레저용 차량의 시장도 꽤 크다.

하지만 누가 뭐래도 과장은 과장이다. 진정한 혁명은 정오에 행진하는 밴드나 저녁 6시 뉴스의 헤드라인으로 찾아오지 않는다. 진정한 혁명은 아무런 사전 예고 없이 살금살금 당신 곁으로 다가온다.

# 가속의 법칙

성공적인 마케팅 프로그램은
유행이 아닌 트렌드에 기반을 둔다

유행$^{fad}$이 바다에 이는 파도라면, 트렌드$^{trend}$는 조류다. 유행은 많은 과장이 더해지지만, 트렌드는 거의 그렇지 않다.

유행은 파도처럼 눈에 잘 띄지만, 금세 올라갔다가 빠르게 사라진다. 반면에 트렌드는 조류처럼 눈으로는 잘 보이지 않지만, 점진적으로 변화를 이끄는 장기적인 흐름이다.

유행은 단기적 현상으로 이윤을 낼 수도 있지만, 회사를 위해 꾸준한 수익성을 보장해줄 정도로 장기간 지속되지 않는다. 그런데도 많은 기업이 유행을 트렌드로 착각하고 그에 대비하는 경향이 있다. 그러다 결국 과도한 인력, 고가의 제조설비 그리고 유통망에 발이 묶이게 된다.(패션은 반복되는 유행이다. 예를 들어 여성의 미니스커트와 남성의 더블 정장이 그렇다. 핼리 혜성도 75~76년마다 돌아오는 일종의 '패션'이라 할 수 있다.)

유행이 사라지고 나면, 기업은 종종 심각한 재정적 충격을 겪는다. 아타리Atari가 그 전형적인 예다. 콜레코 인더스트리Coleco Industries가 양배추인형Cabbage Patch Kids을 다룬 방식을 생각해보라. 이 못생긴 인형은 1983년에 시장에 출시되었고, 큰 인기를 얻기 시작했다. 콜레코의 전략은 인형들이 인기를 끄는 동안 최대한 수익을 뽑아내는 것이었다.

수백 가지의 양배추인형 관련 상품들이 장난감가게를 가득 채웠다. 펜, 연필, 크레용, 게임, 의류 등을 총망라했다. 2년 뒤 콜레코는 이 인형으로 7억 7천600만 달러의 매출과 8천300만 달러의 순이익을 올렸다. 그러다 이 양배추인형의 인기가 급락하면서 콜레코는 1988년 파산신청을 하게 된다. 콜레코는 '조망의 법칙'을 위반한 벌로 침몰하고 말았다.

콜레코는 망했지만, 다행히 양배추인형은 살아남았다. 1989년에 하스브로Hasbro, 인기 보드게임인 '모노폴리Monopoly' 제작사가 이 회사를 인수하면서, 이제는 보수적으로 관리하고 있다. 그 결과 현재 이 인형들은 제법 제 몫을 잘 해내고 있다.

여기서 역설적인 이야기를 하고자 한다. 현재 당신이 유행의 모든 특징을 갖춘 급속히 성장하는 비즈니스에 관련되어 있다면, 당신이 할 수 있는 최선은 그 유행을 더 길게 연장해 트렌드처럼 바꾸어 놓는 것이다.

이런 현상은 장난감 사업에서도 찾아볼 수 있다. 인기 있는 장난감을 소유한 회사들은 모든 것에 그 장난감의 이름을 갖다 붙이고 싶어 한다. 그러나 그렇게 되면 유행은 절정에 올라 그 뒤부터는 내리막길뿐이다.

모두가 '닌자Ninja 거북이'를 가지고 있으면, 더 이상 아무도 그것을 원하지 않게 된다. 닌자 거북이는 유행fad의 좋은 예다. 회사가 욕심을 부린 바람에 유행을 억제하기보다는 부추겨 너무 빨리 내리막길을 탄 대표적인 사례다.

반면 바비Barbie 인형은 트렌드의 예다. 첫선을 보인 이후 바비 인형은 다른 영역으로 상품화를 시도하지 않았다. 그 결과 바비 인형은 장난감 산업에서 장기적인 트렌드로 자리를 잡았다.

가장 성공한 연예인들은 자신이 언제 어디에 나설지를 통제하는 사람들이다. 그들은 과도하게 나서지 않으며, 문어발식으로 모습을 드러내지도 않는다. 쉽게 질리지 않도록 자신을 관리한다.

엘비스 프레슬리의 매니저였던 콜로넬 파커Colonel Parker는 엘비스의 출연 횟수와 음반 발매를 제한하는 전략을 사용했다. 그 덕분에 엘비스가 등장할 때마다 큰 주목을 받을 수 있었다.(마릴린 먼로와 제임스 딘도 비슷한 사례다.)

유행을 잊어라. 유행이 나타나면, 그 기세를 꺾어놓아라. 당신의 제품에 대한 장기적인 수요를 유지하는 한 가지 방법은 그 수요를 완전히 충족시키지 않는 것이다.

마케팅에서 가장 많은 수익을 올릴 수 있는 안정적인 전략은 장기적인 트렌드에 올라타는 것이다.

# 재원의 법칙

충분한 자금 없이는
좋은 아이디어라도 실행에 옮기기 어렵다

당신에게 좋은 아이디어가 있어서 단지 마케팅 측면에서 약간의 도움만 얻고자 이 책을 집어 들었다면, 이제부터 할 이야기는 그 생각에 찬물을 끼얹을지도 모른다.

　세상에서 최고로 좋은 아이디어라도 그것을 실행할 '자금'을 지원받지 못하면 크게 성장할 수 없다. 훌륭한 아이디어를 가진 투자가나 기업가, 아이디어 개발자들은 마케팅 전문가의 도움만 있으면 된다고 생각하는 경향이 있다.

　전혀 사실이 아니다. 마케팅은 소비자의 마음속에서 벌어지는 전쟁이다. 그 마음속으로 파고들기 위해서는 돈이 필요하고, 한 번 들어간 후에도 그 마음속에 머물기 위해서도 계속해서 돈이 필요하다.

　훌륭한 아이디어 하나만으로는 멀리 나아갈 수 없다. 차라리 평

범한 아이디어에 수백만 달러가 확보된 쪽이 더 나은 결과를 낼 수
있다.

일부 기업가들은 광고가 소비자의 마음속에 들어가는 해결책
이라고 생각한다. 하지만 광고는 비용이 많이 든다. 제2차 세계대전
당시 광고비는 분당 9천 달러였고, 베트남 전쟁 때는 분당 2만 2천
달러가 들었다. NFL슈퍼볼<sup>전미풋볼리그</sup>의 1분짜리 광고료는 150만 달
러*에 달한다.

스티브 잡스와 스티브 워즈니악<sup>Steve Wozniak</sup>은 훌륭한 아이디어
를 가지고 있었다. 하지만 애플 컴퓨터를 세상에 알린 것은 마이
크 마쿨라<sup>Mike Markkula</sup>가 투자한 9만 1천 달러였다.(이 돈으로 마쿨
라는 애플 주식의 3분의 1을 받았지만, 그가 더 큰 몫을 요구했어야 한다는
이야기도 있다.)

자금이 뒷받침되지 못한 아이디어는 아무 가치가 없다. 아니, 완
전히 그렇지는 않지만, 자금을 마련하기 위해 아이디어를 사용해야
지, 마케팅 도움을 구할 때가 아니다. 마케팅은 나중에 해도 된다.

어떤 기업가들은 홍보를 잠재고객의 마음에 들어가는 저렴한
방법으로 보고 '무료 광고<sup>Free advertising</sup>'라고 부른다. 하지만 홍보도
공짜가 아니다. 일반적인 규칙은 5:10:20이다. 당신의 제품을 프로
모션해 주는 대가로 소규모 광고대행사는 한 달에 5천 달러, 중간
규모의 대행사는 1만 달러, 대형 광고회사는 2만 달러를 요구할 것

---

\* 2024년 현재, 슈퍼볼의 30초 광고료는 약 700만 달러로 책정되어 있다.

마케팅 불변의 법칙

이다.

일부 기업가들은 벤처캐피탈을 자금 문제의 해결책으로 생각한다. 하지만 극소수만이 필요한 자금을 성공적으로 확보한다.

어떤 기업가들은 미국의 대기업들이 의지와 자금을 준비해놓고 자신들에게 날개를 달아주리라 믿어 의심치 않는다. 행운이 있기를 빈다. 대기업들이 외부 아이디어를 받아주는 경우는 거의 없다. 당신이 걸 수 있는 유일한 희망은 상대적으로 덩치가 작은 회사를 찾아 당신의 아이디어가 지닌 장점들을 설득하는 것이다.

기억하라. 돈이 뒷받침되지 않은 아이디어는 아무 가치가 없다. 그러니 자금을 확보하기 위해 남다른 노력을 들일 준비가 되어 있어야 한다.

마케팅에서 부유한 자가 더 부유해지는 이유는 소비자들의 마음속에 아이디어를 밀어 넣을 재원을 갖고 있기 때문이다. 그들의 문제는 나쁜 아이디어와 좋은 아이디어를 확실히 구분하는 것과 너무 많은 제품과 프로그램에 돈을 낭비하지 않는 것이다.

경쟁 양상은 점점 치열해지고 있다. 거대 기업들은 자사 브랜드에 막대한 돈을 쏟아붓고 있다. P&G와 필립 모리스는 1년 광고비로만 각각 20억 달러 이상을 쓴다. 제너럴 모터스는 1년에 15억 달러를 쓴다.

자기보다 덩치가 큰 경쟁자들과 맞서야 하는 작은 회사의 마케터들은 이런 현실이 불공평하게 느껴질 수 있다. 텍사스주 휴스톤에 있는 A&M펫프로덕츠A&M Pet Products라는 작은 애완동물용품 회사의 경우를 보자. A&M은 해당 영역에서 가장 획기적인 제품 중의 하나인 '뭉치는clumping' 고양이 모래를 개발했다. 개념은 아주 단순하다. 고양이가 모래 상자에 용변을 보면, 이 새로운 형태의 모래는 배설물을 공처럼 뭉치게 해 쉽게 퍼서 버릴 수 있도록 해준다. 모래 상자 전체를 교체할 필요가 없다.

이 브랜드는 '스쿠프어웨이Scoop Away, 퍼내서 버린다는 의미'라는 이름으로 출시되자마자 큰 인기를 끌었다. 이는 곧 고양이 모래 시장의 1위 브랜드인 타이디캣Tidy Cat을 보유한 골든캣Golden Cat의 즉각적인 관심을 끌었다.

스쿠프어웨이가 위협적인 아이디어라는 사실을 알아차린 골든캣은 A&M의 아이디어를 모방해 자사 버전의 뭉치는 고양이 모래인 '타이디스쿠프Tidy Scoop'를 출시했다. 그들은 단지 A&M의 아이디어를 베낀 것만이 아니라, 브랜드명에 '스쿠프scoop'라는 단어까지도 차용했다. 정말 불공평하지 않은가?

이 경쟁의 승자는 결국 자금력에 의해 결정될 것이다. 누가 더 많은 돈을 투자하여 아이디어를 실현할 수 있을까?

소비재와 달리 테크놀로지나 비즈니스 관련 제품은 소비자의 수가 적고 매체 비용도 적게 들기 때문에 마케팅 비용을 덜 들여도 된다. 그러나 광고를 포함해 브로슈어, 세일즈 프레젠테이션, 박람회 등에 쓸 충분한 자금 확보의 필요성은 마찬가지로 존재한다.

결론은 이렇다. 먼저 아이디어를 얻고, 그다음에 그 아이디어를 활용할 자금을 확보하라. 이때 선택할 수 있는 몇 가지 지름길이 있다.

### 결혼을 통한 재정적 자원 확보You can marry the money

조제트 모스바커Georgette Mosbacher는 1985년 상무장관인 로버트 모스바커Robert Mosbacher와 결혼했다. 3년 뒤 조제트는 3천150만 달러를 주고 스위스 화장품 회사인 라프레리La Prairie를 인수했다. 그녀는 그 돈을 어디서 구했을까? 여러 곳에서 모았다. 벤처캐피탈, 스위스와 일본의 라프레리 유통업체들, 거기다 자신과 남편의 인맥을 총동원해 자금을 확보했다. 조제트가 회사를 인수한 첫 해, 라프레리 판매량은 30퍼센트 상승했고, 이후 그녀는 회사를 매각해 막대한 이윤을 챙겼다.

### 이혼을 통한 재정적 자원 확보You can divorce the money

프랜시스 리어Frances Lear는 61세를 맞이한 1985년, 뉴욕에 발을 들여놓았다. TV 프로듀서인 남편 노먼 리어Norman Lear, 〈올인더패밀리〉 제작자와 이혼한 직후, 프랜시스는 40세 이상의 여성을 대상으로 한 잡지를 창간하기로 결심했다. 그녀는 1억 1천200만 달러의 이혼 위자료 중 2천500만 달러를 이 프로젝트에 투자할 각오를 했다. 제5호를 발행할 무렵, 프랜시스의 잡지인 〈리어즈Lear's〉는 35만 명의 독자를 확보했다.

### 집안을 통한 재정적 자원 확보You can find the money at home

도널드 트럼프는 아버지의 수백만 달러의 자금 지원이 없었다면 성공하지 못했을 것이다.

## 프랜차이즈 모델을 통해 자신의 아이디어 공유 You can 'share' your idea by franchising it

톰 모나한은 그의 배달 아이디어홈 딜리버리를 공격적으로 프랜차이즈화함으로써 도미노 피자를 성공적으로 세상에 알렸다.

지금까지 우리는 상대적으로 규모가 작은 회사들의 자금조달 전략에 대해 이야기해왔다. 그렇다면 부유한 회사의 경우는 어떤가? 부유한 회사는 재원의 법칙에 어떻게 접근해야 하는가?

답은 간단하다. 충분히 쓰면 된다. 전쟁에서 군대는 항상 과잉 배치한다. '사막의 폭풍' 작전이 끝난 뒤 군대의 보급 식량이 얼마나 많이 남았는지 아는가? 엄청났다. 마케팅에서도 마찬가지다. 성공을 향해 가는 도중에 근검절약이란 있을 수 없다.

성공적인 마케터일수록 투자 비용을 초기에 집중시킨다. 다시 말해 2~3년 동안 새로운 수익을 바라지 않고, 모든 수익을 마케팅에 재투자한다.

돈은 마케팅 세상을 움직인다. 오늘날 성공하고 싶다면, 당신은 그 마케팅 바퀴를 돌리기 위해 필요한 자금을 찾아내야 할 것이다.

# 경고

마케팅 법칙을 기존 조직에 적용하려는 시도가 가져올 잠재적 위험성에 대해 독자들에게 경고하지 않는다면 직무 유기일 것이다. 이제까지 살펴본 마케팅 법칙들은 기업의 자긍심, 통념 그리고 말콤 볼드리지 상Malcolm Baldrige National Quality Awards, 미국 국가품질상에 정면으로 도전하고 있는 것들이다.

**인식의 법칙**The Law of Perception은 대부분의 회사가 가지고 있는 기업 문화와 상충된다. 이들 기업 문화에서는 더 나아지려고 노력하는 것이 뿌리 깊이 박혀 있다. 사람들은 항상 해당 영역의 리더를 '벤치마킹'한 다음 선두기업의 사양을 뛰어넘으려는 시도를 한다. 이 모든 노력은 바로 품질 향상을 위해서다.

**리더십의 법칙**The Law of Leadership은 많은 사람들이 받아들이기 어려운 개념이다. 대부분의 사람들은 자신이 '첫 번째'가 아니라 '더 나은' 성과로 정상에 올랐다고 믿고 싶어한다.

그러니 조심하라! 경영진은 '더 나은' 제품 전략에서 초점을 흐트러뜨리는 어떠한 제안도 달가워하지 않을 것이다.

**희생의 법칙**The Law of Sacrifice은 문제를 야기할 수 있다. 모든 고객의 요구를 만족시키려는 사고방식이 대부분의 조직에 깊이 각인되어 있다. 혹시라도 의심이 간다면 아무 슈퍼마켓이나 들어가서 한번 살펴보라. 크기별, 종류별, 형태별로 수도 없이 다양한 제품들을 발견할 수 있을 것이다. 상황이 이렇게 된 이유는 너무나도 명백하다. 하나에 집중하고 싶어 하는 사람이 없기 때문이다.

대기업에는 젊고 총명한 마케팅 인력이 차고 넘친다. 당신은 그들이 그냥 자리만 차고앉아 아무 일도 하지 않았으면 하고 바라는가? 그들은 무엇인가를 개선하고 발전을 도모하고 싶어 한다. 생각해보라. 그들이 조직에 자신의 족적을 남길 수 있는 방법이 달리 무엇이 있겠는가?

그러니 조심하라! 이 젊고 유능한 마케터들은 그들의 활동을 억제하려는 어떤 시도도 달갑게 여기지 않을 것이다.

**집중의 법칙**The Law of Focus은 소비자의 마음속에 하나의 단어를 소유하는 것을 제안한다. 당신 회사의 고객들이 당신의 브랜드에 대해 떠올리는 단어는 무엇인가? 당신은 "글쎄요, 잘 모르겠습니다. 저희는 다양한 산업 영역에서 다양한 제품을 만들어내고 있어서요."라고 대답할지도 모른다.

그러니 조심하라! 불필요한 것들을 제거하는 작업이 필요하다. 가지치기를 해야 할 게 있어도 경영진을 설득하기란 쉽지 않을 것이다.

**조망의 법칙**The Law of Perspective은 빠른 마케팅 성공을 기대하는 사람들에게 좌절감을 줄 것이다. 회사는 즉각적인 결과를 원한다.

그러니 조심하라! 담당 회계사들이 단기적으로 당신을 힘들게 할 것이다.

**라인 확장의 법칙**The Law of Line Extension은 다루기 가장 위험한 법

칙이다. 이 법칙을 적용하고자 할 때, 당신은 경영진이 철석같이 믿고 있는 기본 진리를 깨부술 준비가 되어 있어야 한다. 큰 성공을 거둔 브랜드 하나가 다양한 제품을 모두 아우를 수 있는 자산가치를 가지고 있다고 믿기 때문이다.

라인 확장은 이사회실에서 대단히 그럴듯한, 합리적인 전략 행세를 한다. 이 중대한 사안에 대해 경영진에 맞서려는 이사는 단 한 명도 없을 것이다.

그러니 조심하라! 경영진은 회사 자산을 확장시킬 수 있는 기회를 줄이는 시도라면 어떤 시도도 달가워하지 않을 것이다. 당신은 그런 경영진이 물갈이되기를 기다리는 수밖에 없을지도 모른다. 경영진은 바뀐다. 그러나 마케팅 법칙은 변하지 않는다.

이제, 당신은 위험에 대한 경고를 충분히 받았다. 만일 불변의 법칙을 어긴다면 당신은 실패의 위험을 자초하는 격이다. 반면, 불변의 법칙을 적용하려 할 때, 당신은 비난받거나 무시당하거나 심지어 배척당할 위험도 있다.

인내심을 가져라. 마케팅 불변의 법칙이 당신의 성공을 도와줄 것이다. 성공보다 더 완벽한 복수는 없다.

# 마케팅 불변의 법칙

**초판 1쇄 발행** 2008년 12월 1일 　**초판 66쇄 발행** 2023년 11월 20일
**개정판 2쇄 발행** 2025년 2월 20일

지은이 ｜ 알 리스·잭 트라우트
옮긴이 ｜ 이수정
감　수 ｜ 정지혜

발행인 ｜ 홍은정

주　소 ｜ 경기도 파주시 심학산로 12, 4층 401호
전　화 ｜ 031-839-6800
팩　스 ｜ 031-839-6828

발행처 ｜ ㈜한올엠앤씨
등　록 ｜ 2011년 5월 14일
이메일 ｜ booksonwed@gmail.com

ISBN 978-89-86022-91-9 03320
책값은 띠지에 있습니다.

* 비즈니스맵, 책읽는수요일, 라이프맵, 생각연구소, 지식갤러리, 스타일북스는
  ㈜한올엠앤씨의 브랜드입니다.